周易

传世·经典国学集

全本

李伟强　译注

四川人民出版社

图书在版编目（CIP）数据

周易 / 李伟强注译. -- 成都 ：四川人民出版社,2021.4
（传世·经典国学集）
ISBN 978-7-220-10960-7

Ⅰ.①周… Ⅱ.①李… Ⅲ.①《周易》-注释②《周易》-译文 Ⅳ.①B221

中国版本图书馆CIP数据核字（2021）第063962号

ZHOUYI

周　易

李伟强　译注

责任编辑	段瑞清
版式设计	成都原创动力
封面设计	李其飞
特约校对	北京悦文文化发展有限公司
责任印制	李　剑
出版发行	四川人民出版社（成都槐树街2号）
网　　址	http：//www.scpph.com
E-mail	scrmcbs@sina.com
发行部业务电话	（028）86259624　86259453
防盗版举报电话	（028）86259624
印　　刷	四川省南方印务有限公司
成品尺寸	145mm×208mm
印　　张	10.5
字　　数	197千
版　　次	2021年4月第1版
印　　次	2021年4月第1次印刷
书　　号	ISBN 978-7-220-10960-7
定　　价	49.00元

目录

译注说明

一、本书以简体字编排，文本按刘大钧《周易概论》（巴蜀书社2016年增补修订本）附录的《周易》原文录入，同时参校阮刻《十三经注疏》中的《周易正义》（中华书局2009年影印清嘉庆刊本）；

二、《周易》原书的结构包括《易经》和《易传》。《易经》由六十四卦卦名、卦爻象和卦爻辞组成，本书依次著录。《易传》是对《易经》的解释，包括《彖传》《象传》《文言传》《系辞传》《说卦传》《序卦传》和《杂卦传》，其中，《彖传》《象传》《系辞传》各分两篇，合为10篇，称“十翼”。《彖传》解释六十四卦卦辞，《象传》解释六十四卦卦爻象，《文言传》解释乾卦、坤卦，以上传文，本书分附六十四卦经文之后，以便读者对照阅读。《系辞传》《说卦传》《序卦传》《杂卦传》综论《易经》与六十四卦，以上传文，本书依次著录，列六十四卦之后。

三、本书的内容包括《周易》经传原文、注释、译文和点评。注释部分重在分析《周易》原文中疑难字词的读音和含义。译文部分将文句古奥的《周易》原文转译成现代汉语，译文力求译文简明通俗，并尽可能符合原文本义。点评部分重在揭示《周易》原文的隐含义，《易经》六十四卦各有点评，分附各卦之后，《系辞传》（上下）《说卦传》《序卦传》《杂卦传》各有点评，分附各传之后。

四、《周易》原本是一部卜筮书，《易传》作者在解释《易经》时，赋予《易经》微言大义，使得《周易》成为一部富含义理内涵的经籍，后世学者延续《易传》的道路，以阐发《周易》微言大义为《周易》研究的重点，本书注释、翻译、点评《周易》，同样着重阐发《周易》的微言大义。

五、象数是《易》学的重要内容，“象”即六十四卦的卦爻象和八卦的物象，“数”即《周易》卜筮的筮数，两者统称为“象数”。在《易》学中，与象数相对应的是义理，象数是《周易》的形式，义理是《周易》的内容，说明《周易》象数规律的目的是阐发《周易》义理，阐发《周易》义理不能脱离象数这种表现形式。《易传》对《周易》六十四卦中隐含的象数规律作出了初步解释，但《周易》象数规律纷繁复杂，极难说尽，本书点评部分就六十四卦中比较显明的象数规律略作说明。读者有兴趣进一步了解《周易》象数，可以参读张善文《象数与义理》（辽宁教育出版社1993年）、林忠军《象数易学发展史》（齐鲁书社1994年、1998年）和刘大钧《周易象数》（上海科学技术文献出版社2010年）等书籍。

六、图式是解释《周易》的一种重要方法，自古至今流传下来的《周易》图式众多。本书从朱熹《周易本义》（中华书局2005年）中选取若干图式，插入本书，但限于本书体例，对所选图式不作进一步解释。读者有兴趣了解《周易》图式，可以参读李申《周易与易图》（沈阳出版社1997年）、常光明《周易图解》（齐鲁书社2014年）等书籍。

七、本书在注释、翻译、点评《周易》时，主要参考、引用了如下若干种书籍：

（1）陈鼓应、赵建伟《周易今译今注》（商务印书馆2005年）；

（2）刘大钧、林忠军《周易经传白话解》（上海古籍出版社2006年）；

（3）王弼、韩康伯注，孔颖达疏，阮元校刻《周易正义》（中华书局2009年影印清嘉庆刊本）；

（4）刘大钧《周易概论》（巴蜀书社2016年增补修订本）；

（5）黄寿祺、张善文《周易译注》（中华书局2016年最新增订版）；

（6）余敦康《周易现代解读》（中华书局2016年）；

（7）金景芳、吕绍纲《周易全解》（上海古籍出版社2017年修订本）。

八、笔者才疏学浅，且本书完成仓促，书中多有错讹阙漏之处，祈请读者批判指正。

李伟强

第一卦　乾䷀

经文

乾，元亨①，利贞②。

初九，潜龙，勿用。

九二，见③龙在田，利见大人④。

九三，君子终日乾乾⑤，夕惕若⑥，厉无咎⑦。

九四，或跃在渊，无咎。

九五，飞龙在天，利见大人。

上九，亢龙⑧有悔。

用九，见群龙无首⑨，吉。

注释

①元亨：初始亨通。元：初始。亨：亨通。

②利贞：宜守正。利：有利于，宜。贞：贞问，引申为贞固、贞正。

③见：读xiàn，出现。

④大人：德高、年长、位尊的人。

⑤乾乾，刚健，勤奋不已。

⑥夕惕若：晚间保持警惕。夕：晚上。惕：惕惧，警惕。若：语助词。

⑦厉无咎：防止凶险没有灾害。厉：凶险。咎：咎害，灾害。

⑧亢龙：龙飞得过高。亢：读kàng，过度，极度。

⑨无首：没有首领，不自以为首领。

译文

乾卦象征天：初始亨通，宜守正。

初九，龙潜伏不妄为。

九二，龙出现在田野，宜拜见大人。

九三，君子整日勤奋，晚间还保持警惕，防止凶险没有灾害。

九四，龙有时翻腾在水面，有时潜伏在水中，没有灾害。

九五，龙飞到天上，宜拜见大人。

上九，龙飞得过高而有悔恨。

用九，出现一群龙而没有首领，吉祥。

传文

《彖》①曰：大哉乾元②，万物资始③，乃统天。云行雨施④，品物流形⑤。大明⑥终始，六位⑦时成，时乘⑧六龙以御天。乾道变化，各正⑨性命⑩，保合太和⑪，乃利贞。首出庶物⑫，万国咸宁⑬。

注释

①彖：读tuàn，裁断。

②乾元：创始万物的阳气。

③资始：依此萌生。资：凭借，依靠。始：开始，萌生。

④云行雨施：云气飘行，雨水布施。行：运行。施：布。

⑤品物流形：各类事物流布成形。

⑥大明：太阳。

⑦六位：卦的六爻。

⑧时成：按时形成。时：按时。

⑨正：端正。

⑩性命：本性和命理。

⑪保合太和：保全阴阳和合之气。

⑫首出庶物：开始萌生万物。首：开始。庶：众多。

⑬咸宁：全都安宁。咸：都。

译文

《彖传》说：伟大啊，创始万物的阳气，万物依靠它开始萌生，它统领着天。云气飘行，雨水布施，各类事物流布成形。璀璨的太阳反覆运转，六爻按照不同时位组合而有所形成，像阳气按时骑乘六条龙而统御天。天道变化，万物各自正定本性命理，保全阴阳和合之气，宜守正。开始萌生万物，天下都得以安宁。

《象》[①]曰：天行健[②]。君子以自强不息。

潜龙勿用，阳在下也。见龙在田，德施普[③]也。终日乾乾，反复[④]道也。或跃在渊，进无咎也。飞龙在天，大人造[⑤]也。亢龙有悔，盈不可久也。用九，天德不可为首也。

注释

①象：象征。

②健：刚健。

③普：周普，广泛。

④反复：返回，回复。反：返。

⑤造：作为，成就。

译文

《象传》说：天道运行阳刚强健。君子效此不断勉励自我。

龙潜伏不妄为，因为阳刚处下。龙出现在田野，因为德行广泛施展。君子整日勤奋，因为回归常理。龙有时翻腾在水面，因为前进没有灾害。龙飞到天上，因为大人奋起造作。龙飞得过高而有悔恨，因为盈满不能长久。用阳刚之数九，因为天的德行是不自居首位。

《文言》曰：元者，善之长[1]也。亨者，嘉之会[2]也。利者，义[3]之和也。贞者，事之干[4]也。君子体仁[5]足以长人，嘉会足以合礼，利物[6]足以和义，贞固足以干事。君子行此四德者，故曰：乾，元亨，利贞。

初九曰：潜龙勿用，何谓也？子曰：龙德[7]而隐者也。不易[8]乎世，不成乎名。遯世无闷[9]，不见[10]是而无闷。乐则行之，忧则违之，确[11]乎其不可拔，潜龙也。

九二曰：见龙在田，利见大人，何谓也？子曰：龙德而正中者也。庸言之信，庸行之谨。闲邪[12]存其诚，善世而不伐[13]，德博而化[14]。《易》曰：见龙在田，利见大人，君德也。

九三曰：君子终日乾乾，夕惕若厉，无咎，何谓也？子曰：君子进德修业[15]。忠信，所以进德也。修辞[16]立其诚，所以居业[17]也。知至至之，可与言几也。知终终之，可与存义也。是故居上位而不骄，在下位而不忧。故乾乾因其时而惕，虽危无咎矣。

九四曰：或跃在渊，无咎，何谓也？子曰：上下无常，非为邪也。进退无恒，非离群也。君子进德修业，欲及时也，故无咎。

九五曰：飞龙在天，利见大人，何谓也？子曰：同声相应，同气相求。水流湿，火就燥。云从龙，风从虎。圣人作而万物睹[18]。本乎天者亲上，本乎地者亲下，则各从其类也。

上九曰：亢龙有悔，何谓也？子曰：贵而无位，高而无民，贤人在下位而无辅，是以动而有悔也。

注释

①长：读zhǎng，尊长。

②嘉之会：嘉美的会合。嘉：嘉美。会：会合。

③义：含义，道理。

④干：根本。

⑤体仁：以仁为体。

⑥利物：使事物合宜。

⑦龙德：龙一样的德行。

⑧不易：不改变。

⑨无闷：不忧闷。

⑩不见：不被人看见，引申为不被人认同。

⑪确：坚定。

⑫闲邪：防止邪恶。闲：防止。

⑬不伐：不自夸。伐：夸赞。

⑭化：教化，化育。

⑮进德修业：增进德行，修治功业。进：增进。修：修治。

⑯修辞：言辞，言论。

⑰居业：积聚功业。居：积聚。业：功业。

⑱万物睹：万物清明可见。睹：见到。

译文

《文言传》说：元，是众善的尊长。亨，是嘉美的会合。利，是义理的和合。贞，是事物的根本。君子效此以仁为体，足以为人尊长，嘉美会合，足以符合礼仪，使事物合宜，足以符合义理，贞正固守，足以成就功业。君子践行四种德行，所以说：乾象征天，初始亨通，宜守正。

初九爻辞说：龙潜伏不妄为，这是什么意思？孔子说：拥有龙的德行而隐退。不被世俗改变，不急求功名。隐退世外没有忧闷，不被世人认同也不忧闷。乐意的事便去做，烦忧的事便不去做，坚强不可动摇，就是潜龙。

九二爻辞说：龙出现在田野，宜拜见大人，这是什么意思？孔子说：拥有龙的德行而守正，合宜适中。平时言论讲究诚信，平常举止保持谨慎。防止邪恶保持诚信，改善世道民风而不自夸，德行广博能够教化天下。《周易》说龙出现在田野，宜拜见大人，这是君王的德行。

九三爻辞说：君子整日勤奋，晚间还保持警惕，没有灾害，这是什么意思？孔子说：君子增进德行，修治功业。忠实诚信，所以能够增进德行。修饰自己言辞时立足诚信，所以能够修治功业。知晓目标而努力进取，就可以与他商讨事物发展的征兆了。知晓终结而及时终止，就可以与他共同保持适宜了。所以高居上位而不骄傲，低处下位而不忧闷。所以君子勤奋进取，随时警惕，尽管有凶险而没有灾害。

九四爻辞说：龙有时翻腾在水面，有时潜伏在水中，没有灾害，这是什么意思？孔子说：上上下下没有常规，不是因为邪念。进进退退没有常态，不是因为脱离类群。君子增进德行，修治功业，是想把握时机，所以没有灾害。

九五爻辞说：龙飞到天上，宜拜见大人，这是什么意思？孔子说：相同的声音相互应和，相同的气息相互求合。水往湿处流动，火焰往干燥处蔓延。云随从龙产生，风随从虎产生。圣人奋起而万物清明可见。依存天的向上亲附，依存地的向下亲附，各自归从自己的类别。

上九爻辞说“龙飞得过高，将有悔恨”，这是什么意思？孔子说：尊贵而没有实位，位高而没有民众拥护，贤人处在下位而不辅助，所以行动将有悔恨。

潜龙勿用，下也。见龙在田，时舍也。终日乾乾，行事也。或跃在渊，自试也。飞龙在天，上治也。亢龙有悔，穷[①]之灾也。乾元用九，天下治也。

潜龙勿用，阳气潜藏。见龙在田，天下文明[②]。终日乾乾，与时偕行。或跃在渊，乾道乃革。飞龙在天，乃位乎天德。亢龙有悔，与时偕极[③]。乾元用九，乃见天则。

乾元者，始而亨者也。利贞者，性情[④]也。乾始能以美利利天下，不言所利，大矣哉。大哉乾乎，刚健中正，纯粹精也。六爻发挥，旁通[⑤]情也。时乘六龙，以御天也。云行雨施，天下平也。

注释

①穷：困穷。

②文明：璀璨光明。文：文彩。

③偕极：共同达到极致。偕：共同。

④性情：本性和内情。

⑤旁通：广泛会通。旁：广泛，普遍。通：会通，通晓。

译文

龙潜伏不妄为，因为处位在下。龙出现在田野，因为时势开始舒展。整日勤奋，因为开始行动。有时翻腾在水面，有时潜伏在水中，因为在自我检验。龙飞到天上，因为在上实施治理。飞得过高而有悔恨，因为是困穷造成的灾难。乾卦开始用九数，天下得到治理。

龙潜伏不妄为，因为阳气潜藏在地下。龙出现在田野，因为天下万物璀璨光明。整日勤奋，因为顺应时机协同行动。有时翻腾在水面，有时潜伏在水中，因为天道发生变革。龙飞到天上，因为享有尊位而拥有天的德行。龙飞得过高，将有悔恨，因为顺应时机共同达到极致。乾卦开始用九数，天的法度就显现了。

天的初始之德，是始创万物而亨通。宜守正，是天的本性和内情。天在初始时就能以美德合宜使天下万物适宜，但不自称使天下适宜的功绩，盛大啊。

天道宏大，阳刚强健守正适中，纯净精微。六爻运动变化，广泛会通万物情理。按时骑乘六条龙而统御天。云气飘行，雨水布施，天下都得以平和。

君子以成德[1]为行，日可见之行也。潜之为言也，隐而未见，行而未成，是以君子弗用也。

君子学以聚之，问以辩之，宽以居之，仁以行之。《易》曰：见龙在田，利见大人，君德也。

九三重刚而不中，上不在天，下不在田，故乾乾因其时而惕，虽危无咎矣。

九四重刚而不中，上不在天，下不在田，中不在人，故或之。或之者，疑之也，故无咎。

夫大人者，与天地合其德，与日月合其明，与四时[2]合其序[3]，与鬼神合其吉凶。先天而天弗违，后天而奉天时。天且弗违，而况于人乎？况于鬼神乎？

亢之为言也，知进而不知退，知存而不知亡，知得而不知丧。其唯圣人乎。知进退存亡，而不失其正者，其唯圣人乎。

注释

a成德：成就德行。成：成就。

b四时：一年四季。

c序：次序，顺序。

译文

君子以成就德行为行动目标，这是每天都显现的行动。初九爻辞说的潜伏，是隐藏而不显现，行动还未成功，所以君子不能有所作为。

君子通过学习聚积知识，通过问答明辨是非，通过宽容居处适当地位，通过仁厚实施行动。《周易》说：龙出现在田野，宜拜见大人，这是君王的德行。

九三爻有重重阳刚但处位不适中，向上达不到天，向下达不到田地，所以君子勤奋进取，随时警惕，尽管有凶险而没有灾害。

九四爻有重重阳刚但处位不适中，向上达不到天，向下达不到田地，中间又不是人所处的位置，所以有疑惑。或，是疑惑的意思，所以没有灾害。

大人，与天地的德行相合，与日月的光明相合，与四季运转的顺序相合，与鬼神的吉凶相通。行动先于天，所以与天道不相违背，行动后于天，所以行动顺应天时。与天道不相违背，更何况与人？何况与鬼神？

所谓亢，是说只知前进而不知后退，只知保存不知消亡，只知获得不知丧失。大概是圣人吧。知晓进退存亡的道理，行动不偏失正道，大概是圣人吧。

乾卦是《周易》六十四卦的第一卦，卦形是两个三画卦的乾互相重叠，六爻都是阳爻。《周易》六十四卦以乾卦为首，反映了周人的尚阳思想。

《彖传》说“大哉乾元，万物资始，乃统天”，这是解释乾卦卦辞中的“元”，指出乾卦创始万物、统领天道的德业。《彖传》说“云行雨施，品物流形”，这是解释卦辞中的“亨”，云气飘行，雨水布施，各类事物流布成形，一派亨通气象，所以是“亨”。《彖传》说“大明终始，六位时成，时乘六龙以御天”，这是解释卦辞中的“利”，“利”是宜的意思，“时成”“时乘”

中的“时”尤其生动地体现了“利”的内涵，时机适宜，所以是“利”。《彖传》说“乾道变化，各正性命，保合太和，乃利贞”，这是解释卦辞中的“贞”，“贞”本指负责占筮的贞人，贞人占筮时必然要心志持正，所以“贞”在《周易》经传中可以引申为“守正”。

《周易》卦爻辞经常使用比拟、象征的手法。乾卦六爻的爻辞都取象于龙，“潜龙”“见龙在田”“或跃在渊”“飞龙在天”“亢龙”等表述，生动地展现了龙在各个阶段的行动状态，但真正的含义并不是龙，而是《文言传》中说的“龙德”，《象传》中说“天行健。君子以自强不息”，就是说效仿、拥有龙的德行。朱熹说“《易》难看，不比他书。《易》说一个物，非真是一个物，如说龙非真龙”，由此可以见出。

乾卦是《周易》六十四卦的第一卦，也是六十四卦中最重要的卦之一，所以，《易传》作者为充分解释乾卦卦爻辞，不厌其烦地撰写了《彖传》《象传》《文言传》洋洋上千字，其中的许多解释，其实都适用其他卦，如根据爻的位置解释卦爻辞。

乾卦《象传》《文言传》都是对乾卦卦辞和六爻爻辞的逐条解释，其中《文言传》更注重发掘卦爻辞在德行上的内涵。乾卦经传文中多次出现“利见大人”，“大人”之所以称为“大”，至少包含三层含义，即年龄为长、地位尊贵和德行崇高，仅仅占据其中一种尚不足以称为“大人”。“利见大人”用现代汉语可以翻译成“宜拜见大人”，拜见大人是为了谋求进一步的发展。经传文中的“或跃在渊”可以翻译成“龙有时翻腾，有时潜伏”，这是在等待适宜的时机。经传文中的“群龙无首”可以翻译成“出现一群龙而没有首领”，因为群龙都不自以为，《象传》说“天德不可为首也”，指的就是这层含义。

第二卦　坤䷁

经文

坤，元亨，利牝马①之贞。君子有攸往，先迷②后得主③。利西南得朋，东北丧朋。安④贞吉。

初六，履⑤霜，坚冰至。

六二，直方大⑥，不习⑦，无不利。

六三，含章⑧可贞。或从王事⑨，无成⑩，有终⑪。

六四，括囊⑫，无咎，无誉。

六五，黄裳⑬元吉。

上六，龙战于野，其血玄黄⑭。

用六，利永贞。

注释

①牝马：雌马。牝：读pìng，雌性。

②迷：进入迷途。

③得主：遇上主事的人。得：遇到。主：主事的人。

④安：安于。

⑤履：行走。

⑥直方大：正直、方正、博大。

⑦不习：没有习气。

⑧含章：内含文彩，引申为拥有美德。章：文彩。

⑨从王事：随从君王做事。从：随从，跟从。

⑩无成：不自居其成。成：成就。

⑪有终：有好的结果。

⑫括囊：收紧口袋。括：收束。囊。口袋。

⑬黄裳，黄衣裳，引申为持中守正。

⑭玄黄：天地交杂的颜色。玄：玄青色，天的颜色。黄：地的颜色。

译文

坤卦象征地：初始亨通，宜像雌马一样守正。君子有所前往，会入迷途，后遇上主事的人。宜往西南行，得到朋友，往东北行失去朋友。安于守正吉祥。

初六，踏上霜地，知晓坚冰将到来。

六二，正直、方正、博大，没有习气，无不宜。

六三，拥有美德，守正。有时随从君王做事，不自居其成，会有好结果。

六四，收紧口袋，没有灾害，没有赞誉。

六五，穿黄衣裳，大吉祥。

上六，龙在田野交战，流出青黄色的血。

用六，宜永远守正。

传文

《象》曰：至哉坤元，万物资生，乃顺承天。坤厚载物，德合无疆，含弘[①]光大，品物咸亨。牝马地类，行地无疆，柔顺利贞。君子攸行，先迷失道，后顺得常。西南得朋，乃与类行。东北丧朋，乃终有庆[②]。安贞之吉，应[③]地无疆。

注释

①含弘：包含一切。

②庆：吉庆。

③应：应和，感应。

译文

《彖传》说：至极啊，配合天创始万物的大地。万物依靠它而生长，它顺承天的志象。大地深厚普载万物，德行广合无边无际，它含育一切使之发扬光大，万物全得亨通。雌马属于地上的动物，奔行在无边的大地上，柔顺宜守正。君子有所前往，先迷入歧途偏失常理，后柔顺而得常理。往西南行得到朋友，是与朋友同行。往东北行失去朋友，而最终仍有喜庆。安顺守正的吉庆，应和大地的美德而永保无疆。

《象》曰：地势坤。君子以厚德载物。

履霜坚冰，阴始凝[①]也。驯[②]致其道，至坚冰也。

六二之动，直以方也。不习无不利，地道光也。

含章可贞，以时发[③]也。或从王事，知光大也。

括囊无咎，慎不害[④]也。

黄裳元吉，文在中[⑤]也。

龙战于野，其道穷也。

用六永贞，以大终也。

注释

①凝：凝结。

②驯：逊顺。

③发：发动，行动。

④不害：没有灾害。

⑤中：持中不偏。

译文

《象传》说：大地气势柔顺。君子效此宽厚而容载万物。

踏上霜地知晓坚冰，因为阴气开始凝结。逊顺阴柔之道，使坚冰到来。

六二爻的变动，正直方正。没有习气，无不宜，因为大地的德行光大显著。

拥有美德，守正，因为等待时机行动。有时随从君王做事，因为知晓君王德行光辉盛大。

收紧口袋，没有灾害，因为谨慎而没有灾害。

穿黄衣裳，大吉，因为黄色的文彩持中不偏。

龙在田野交战，因为阴柔之道穷尽。

用阴柔之数六永远守正，因为阴柔以刚大而终结。

《文言》曰：坤至柔而动也刚，至静而德方。后得主而有常，含万物而化光[①]。坤道其顺乎，承天而时行。

积善之家，必有余庆。积不善之家，必有余殃。臣弑其君，子弑其父，非一朝一夕之故，其所由来者渐矣，由辩之不早辩也。《易》曰：履霜，坚冰至，盖言顺也。

直其正也，方其义也。君子敬以直内[②]，义以方外[③]。敬义立而德不孤。直方大，不习，无不利，则不疑其所行也。

阴虽有美，含之以从王事，弗敢成也。地道也，妻道也，臣道也。地道无成而代有终也。

天地变化，草木蕃[④]。天地闭，贤人隐。《易》曰：括囊，无咎，无誉，盖言谨也。

君子黄中通理[⑤]，正位居体，美在其中而畅于四支[⑥]，发于功业，美之至也。

阴疑于阳必战。为其嫌[7]于无阳也，故称龙焉。犹未离其类也，故称血焉。夫玄黄者，天地之杂也，天玄而地黄。

注释

①化光：化育广大。

②敬以直内：内心恭敬正直。敬：恭敬。内：内心。

③义以方外：外表合宜端正。外：外表，在外表现。

④蕃：读fán，茂盛。

⑤黄中通理：合宜适中，德达情理。

⑥四支：四肢。

⑦嫌：疑惑。

译文

《文言传》说：大地至为柔顺，行动却表现刚强，至为方正，德行却流布四方。后遇上主事的人而得到常理，含藏万物而化育广大。地道多么柔顺，顺承天道而按时运转。

积聚善行的邦家，必定福庆有余。积聚恶行的邦家，必定灾祸有余。臣官弑杀君王，子辈弑杀父辈，这不是一朝一夕造成的，这是逐渐导致的，是未能早日辨清是非导致的。《周易》说“踏上霜地知晓坚冰将到来”，是说顺应事物发展。

直就是正直，方就是合宜。君子内心恭敬正直，外表合宜端正。恭敬合宜确立，德行就不会孤立。“正直、方正、博大，没有习气，无不宜”，这就不会疑惑所实施的行动了。

阴柔虽然有美德，含藏阴柔美德随从君王做事，不敢成就自己的功业。这是大地之道、为妻之道、为臣之道。地道不成就自己的功业，代天道成就就有好的结果。

天地运转，草木旺盛。天地闭塞，贤人隐退。《周易》说“收紧口袋，没有灾害，没有赞誉”，是说行动谨慎。

君子合宜适中，德达情理，处位适当，内心美德表现在四肢举止上，发挥在功业中，美德至极啊。

阴柔交接阳刚必然发生交战。为了解释坤卦没有阳爻的疑惑，所以说到龙象征阳刚。阴柔又不远离阳刚，所以说到血象征阴阳交合。玄黄，是天和地杂糅的颜色，天的颜色是玄青色，地的颜色是黄色。

《周易》六十四卦中的坤卦由两个三画卦的坤互相重叠，六爻都是阴爻，与六爻全是阳爻的乾卦完全相反，乾卦《彖传》中称“乾元”，坤卦《彖传》中称“坤元”，这也反映了乾坤阴阳的相反相对关系。乾卦象征天，坤卦象征地，《周易》六十四卦的排序，首先列出乾卦，紧接着列出坤卦，乾卦《彖传》解释说“万物资生，乃统天”，坤卦《彖传》解释说“万物资生，乃顺承天”，就是说坤卦配合天而创始万物。由此可见，乾卦和坤卦并不是一种决然对立的相反相对关系。

坤卦卦辞“元亨，利牝马之贞”，比乾卦卦辞“元亨，利贞”多出一个限定词——牝马，这揭示了坤卦为什么能够配合天创始万物的原因。牝马就是雌马，雌性的本性就是柔顺，坤卦的德行也是柔顺，同时，坤卦象征的大地无边无际，所以能够承载一切，并且顺承天而创始万物。《文言传》中说“坤至柔而动也刚，至静而德方”，就是对坤卦德行的概括。从人事上来说，坤卦启示人“厚德载物”，就是宽厚而包容万物。

坤卦《彖传》《文言传》都是对坤卦卦辞和六爻爻辞的逐条解释。其中，六四爻辞“括囊”用现代汉语直接翻译是收紧口袋，这在字面上没有过多的解释空间，其实“括囊”的内涵是指谨慎行动，《文言传》中的“天地闭，贤人隐”说的就是事物发展到六四爻时，天地闭塞，贤人不得不隐退，这时候谨慎行动，所以才没有灾害。六五爻辞“黄裳”用现代汉语直接翻译是穿黄衣裳，在字面上也没有过多的解释空间，进一步分析内涵，可以知道黄色在周代象征中道，《文言传》中的“君子黄中通理，正位居体”等文辞说的也是这层意思，由此可见，穿黄衣裳就是指守正，所以能够初始吉祥。上六爻辞“龙战于野”用现代汉语直接翻译是龙在田野交战，而实际内涵则是阴阳交会，坤卦发展到最上爻时，有转向阳的趋势，所以有阴阳交会的含义。上六爻辞“玄黄”也指阴阳交会，玄代表天的颜色，黄代表地的颜色，天地阴阳颜色交融，就是“玄黄”。

第三卦　屯䷂

经文

屯[①]，元亨，利贞。勿用有攸往[②]，利建侯[③]。

初九，磐桓[④]，利居贞，利建侯。

六二，屯如邅如[⑤]，乘马班如[⑥]，匪寇[⑦]婚媾。女子贞不字[⑧]，十年乃字。

六三，即鹿[⑨]无虞[⑩]，惟入于林中，君子几[⑪]不如舍，往吝[⑫]。

六四，乘马班如，求婚媾。往吉，无不利。

九五，屯其膏[⑬]。小，贞吉。大，贞凶。

上六，乘马班如，泣血涟如[⑭]。

注释

①屯：读zhūn，初生。

②攸往：有所前往，有所行动。

③建侯：封建诸侯。

④磐桓：徘徊难进。磐：读pán，徘徊。

⑤屯如邅如：徘徊不前的样子。邅：读zhān，盘旋。如：语助词。

⑥班如：盘旋不前的样子。

⑦匪寇：非贼寇。匪：非。

⑧字：女子许配。

⑨即鹿：追逐鹿。

⑩无虞：没有向导。虞：虞人，掌管山泽的官，引申为向导。

⑪几：读jī，征兆。

⑫吝：恨惜，悔恨。

⑬膏：读gào，润泽，滋润。

⑭泣血涟如：泪水不断的样子。泣血：无声泣哭。

译文

屯卦象征初生，初始亨通，宜守正。不要妄为，宜封建诸侯。

初九，徘徊难进，宜守正，宜封建诸侯。

六二，骑马徘徊不前，来的人不是贼寇，而是前来求取婚配。女子端庄贞正，不即许配，十年后才许配。

六三，追鹿没有向导指引，鹿逃入了林中，君子见机舍弃，继续前往将有悔恨。

六四，骑马徘徊不前，为的是求取婚配，此行吉祥，无不宜。

九五，广施润泽。柔小者保持中正吉祥。强大的人保持中正以防凶险。

上六，骑马徘徊不前，泪水涟涟。

传文

《彖》曰：屯，刚柔始交而难生。动乎险中，大亨贞。雷雨之动满盈，天造[①]草昧[②]。宜建侯而不宁[③]。

注释

①天造：天生万物。

②草昧：万物萌发的状态。

③不宁：不安居无事。

译文

《彖传》说：初生时，刚柔始相交而难以生长。在险难中行动，大为亨通而守正。雷雨震动充满天地之间，天造万物萌发。宜封建诸侯而不安居无事。

《象》曰：云雷，屯。君子以经纶[1]。

虽磐桓，志行正也。以贵下贱，大得民也。

六二之难，乘刚也。十年乃字，反常也。

即鹿无虞，以从禽[2]也。君子舍之，往吝，穷也。

求而往，明也。

屯其膏，施未光也。

泣血涟如，何可长也？

注释

①经纶：经营。

②从禽：追逐禽兽。从：跟从，追逐。

译文

《象传》说：云雷象征初生。君子效此经营事务。

尽管徘徊难进，但志向行为守正。以高贵而处下，广泛得到民众拥护。

六二爻险难，因为阴柔乘凌阳刚。十年后才许配，因为反归常理。

追鹿没有向导指引，因为盲目跟从禽兽。君子见机舍弃，继续前往将有悔恨，因为将至穷尽。

有求而前往，因为明白婚配的道理。

广施润泽，因为施行的德行还未光大。

泪水涟涟，怎么会长久？

点评

屯卦是《周易》六十四卦中仅次于乾卦和坤卦排列的第三卦，卦形是上卦坎、下卦震。乾卦象征天，《彖传》说“大哉乾元，万物资始，乃统天”，坤卦象征地，《彖传》说“万物资生，乃顺承天”，二者结合，就是说天地阴阳配合创始万物。仅次于乾卦和坤卦排列的屯卦，就是象征万物初生，万物初生、万事初始时都会遭遇许多困难，在困难中行动，所以屯卦的卦形是上卦坎，象征坎险困难，下卦震，象征行动，《彖传》中的“屯，刚柔始交而难生。动乎险中”说的就是这个意思。

屯卦的卦形上卦坎，下卦震，《象传》说成是“云雷，屯”，是因为坎象征水，震象征雷，水布置在雷电的上层，就是指水汽凝结出的云气，所以说是“云雷，屯”。

屯卦卦辞“勿用有攸往，利建侯”，用现代汉语可以翻译成“不要妄为，宜封建诸侯”，《彖传》中的“宜建侯而不宁”，用现代汉语可以翻译成“宜封建诸侯而不安居无事”，其中的封建诸侯，更深的内涵是指广资辅助，这既不是妄为，也不是安居无事。屯卦爻辞中两次出现“婚媾”，六二爻辞“乘马班如，匪寇婚媾”，六四爻辞“乘马班如，求婚媾”，说的都是求取婚配，在《周易》经传文中，求取婚配的内涵，其实是指求贤。在万物初生，万事初始的时候，君子效仿屯卦的德行经营事务，尤其需要贤人的辅助，但求贤并不是有求必有应的，所以才有了六二和六四爻辞中的吉祥、凶险和悔恨指示。

第四卦　蒙䷃

经文

蒙，亨。匪我求童蒙①，童蒙求我。初筮告②，再三渎③，渎则不告。利贞。

初六，发蒙④，利用刑人⑤，用说桎梏⑥，以往吝。

九二，包蒙⑦吉。纳妇⑧吉，子克家⑨。

六三，勿用取女⑩，见金夫⑪，不有躬⑫，无攸利。

六四，困蒙吝。

六五，童蒙吉。

上九，击蒙⑬，不利为寇，利御寇。

注释

①童蒙：幼稚蒙稚的人。

②告：告示。

③再三渎：多次筮占亵渎筮法。渎：渎慢，亵渎。

④发蒙：启发蒙稚的人。发：启发。

⑤刑人：施加刑罚于人。

⑥用说桎梏：摆脱刑具。说：读tuō，摆脱。桎梏：刑具，脚上刑具称“桎”，手上刑具称“梏”。

⑦包蒙：包容蒙稚的人。包：包容。

⑧纳妇：娶媳妇。纳：娶。

⑨克家：承治家业。

⑩取女：娶女子。取：娶。

⑪金夫：美貌的男子。

⑫不有躬：迷失自身。躬：自身。

⑬击蒙：惩治蒙稚的人。击：惩击。

译文

蒙卦象征启发蒙稚，亨通。不是我求幼童来教导他，而是幼童来求我教导他。初次占筮可以告示，再三筮占就是亵渎筮法，那就不再告示了。宜守正。

初六，启发蒙稚的人，宜施用刑罚于人，使不犯罪恶，否则，前往将有悔恨。

九二，包容蒙稚的人。包容妇人吉祥，子辈承治家业。

六三，不要娶此女子，她看到阳刚美貌的男子会迷失自身，这无所宜。

六四，困陷于蒙稚，有悔恨。

六五，保持童心的蒙稚，吉祥。

上九，惩治蒙稚的人。方法不宜就变为贼寇。宜防备贼寇。

传文

《彖》曰：蒙，山下有险，险而止，蒙。蒙亨，以亨行时中也。匪我求童蒙，童蒙求我，志应也。初筮告，以刚中也。再三渎，渎则不告，渎蒙也。蒙以养正[①]，圣功[②]也。

注释

①养正：培养纯正的品质。

②圣功：圣人的功业。

译文

《彖传》说：蒙卦，山下有险难，遇险止步而徘徊不前，所以是蒙稚。蒙稚时亨通，这是顺着亨通行动随时守持中正。不是我求幼童来教导他，而是幼童来求我教导他，因为志向相应。初次占筮可以告示，再三筮占就是亵渎筮法，那就不再告示了，这是亵渎教导蒙稚。蒙稚时培养纯正品质，这是圣人的功业。

《象》曰：山下出泉，蒙。君子以果行育德。

利用刑人，以正法也。

子克家，刚柔接也。

勿用取女，行不顺也。

困蒙之吝，独远实也。

童蒙之吉，顺以巽也。

利用御寇，上下顺也。

译文

《象传》说：山下流出泉水，象征启发蒙稚。君子效此果决行动培育德行。

宜施用刑罚于人，因为端正法度。

子辈承治家业，因为阴阳刚柔互相接应。

不要娶此女子，因为行动不会顺利。

困陷于蒙稚的悔恨，因为独自远离敦实。

保持童心而蒙稚的吉祥，因为逊顺。

宜防备贼寇，因为上下顺应畅通。

蒙卦是《周易》六十四卦中的第四卦，卦形是上卦艮、下卦坎，六爻的阴阳布置和屯卦上下相反相对。屯卦象征万物初生，蒙卦则象征万物初生以后显示的蒙稚。

蒙卦卦辞中的“匪我求童蒙，童蒙求我”是蒙卦卦爻辞首先想表达的思想，其中的内涵与《论语》中的一条经典章句“不愤不启，不悱不发”有着高度的相似性，都是说明在教育过程中，受教育者的积极主动性，不是施教者有求于受教者，而是受教者有求于施教者，受教者是主动请求接受教育。蒙卦经传文中的“初筮”“再三”等词是对卜筮过程的直接记录，但是，这些卜筮用词经过《周易》作者的有意编纂，进入到卦爻辞体系中，就有了更深层次的思想含义。在蒙卦卦爻辞的语境中，初筮、再三筮的含义也都和教育有关，“再三筮”指的是受教者请教、施问于师长。受教者主动求教，原本是值得肯定的一面，但是再三询问初级问题，就属于对学习、教育功业的亵渎，《彖传》说“渎蒙也”，这时候，求教这件事情就可以暂缓，取而代之的是端正学习态度。蒙卦卦辞中的“利贞”，用现代汉语直接翻译是“宜守正”，但在蒙卦卦爻辞的语境中就是端正学习态度的含义。

蒙卦六爻表现的是启发蒙稚所经历的各个阶段，六爻的爻辞描绘各阶段遇到的问题和采用的应对方式。初六爻是启发蒙稚的初始阶段，在启发蒙稚的初期，宜施用刑罚于人，从而起到小惩而大戒的作用，使人不犯真正的罪恶。九二爻指在启发蒙稚过程中，需要采用包容、鼓励的方式，使人更有信心地成长。六三爻指启发蒙稚已经发展到小有所成的阶段，蒙稚的人看到“阳刚美貌的男子”，看到斑驳陆离的花花世界，容易迷失自身，走上歧途。六四爻指蒙稚的人深深困陷于蒙稚当中，始终无法自拔。六三爻和六四爻都是启发蒙稚过程中十分危险的阶段，到六五爻才发生转机。六五爻辞“童蒙”，指的是保持童心，拥有一颗赤忱的童心，自然不会再出现六三爻和六四爻遇到的问题，启发蒙稚这件事情就可以往好的方向发展。到上九爻时，如果还严重地困陷于蒙稚当中，就可以采用“击蒙”的方式，重重地惩治蒙稚的人，使他从蒙稚当中醒悟过来。

最后，启发蒙稚的时候，无论在哪一个阶段，遇到所有问题都可以用一条准则应对，这条准则就是《象传》《象传》中指示的“蒙以养正”和“君子以果行育德”，培养纯正的品质，果决行动培育德行。

第五卦　需䷄

经文

需[①]，有孚[②]，光亨，贞吉，利涉大川。

初九，需于郊，利用恒[③]，无咎。

九二，需于沙，小有言[④]，终吉[⑤]。

九三，需于泥，致寇至。

六四，需于血[⑥]，出自穴[⑦]。

九五，需于酒食[⑧]，贞吉。

上六，入于穴，有不速之客i三人来，敬之，终吉。

注释

①需：等待。

②有孚：怀有诚信。孚：诚信。

③恒：恒心。

④小有言：略有闲言。小：少。言：闲言。

⑤终吉：终究吉祥。终：终究，最终。

⑥血：沟洫。

⑦穴：坑穴。

⑧酒食：酒食宴饮。

⑨不速之客：不请自来的人。速：邀请。

译文

需卦象征等待，心怀诚信，光明亨通，守正，吉祥，宜渡河。

初九，在郊外等待，宜有恒心，没有灾害。

九二，在沙地等待，略有闲言，终会吉祥。

九三，在泥滩等待，招致贼寇到来。

六四，在沟洫等待，脱离坑穴。

九五，在酒食宴饮中等待，守正吉祥。

上六，落入坑穴，有不请自来的几个人，恭敬对待，终会吉祥。

传文

《象》曰：需，须[①]也。险在前也，刚健而不陷，其义不困穷矣。需，有孚，光亨，贞吉，位乎天位，以正中也。利涉大川，往有功[②]也。

注释

①须：等待。

②有功：有功业，获得成功。

译文

《彖传》说：需，是等待的意思。凶险在前方，刚强健实不会陷入，它的含义就是不会困穷。等待时，心怀诚信，光明亨通，守正，吉祥，因为处在天子之位，位居正中。宜渡河，前往可获得成功。

《象》曰：云上于天，需。君子以饮食宴乐。

需于郊，不犯难[①]行也。利用恒无咎，未失常也。

需于沙，衍[2]在中也。虽小有言，以终吉也。

需于泥，灾在外也。自我致寇，敬慎不败也。

需于血，顺以听[3]也。

酒食贞吉，以中正也。

不速之客来，敬之终吉，虽不当位，未大失也。

注释

①难：读nàn，险难。

②衍：读yǎn，宽衍，宽绰。

③顺以听：顺逊听命。顺：顺逊。听：听命。

译文

《象传》说：云升到天上，象征等待。君子效此饮食安乐等待时机。

在郊外等待，因为不往险难行动。宜有恒心，没有灾害，因为未偏失常理。

在沙地等待，因为宽绰适中。尽管略有闲言，因为终会吉祥。

在泥滩等待，因为灾难尚在身外。自己招致贼寇到来，敬谨审慎不会失败。

在沟洫等待，因为顺逊听命。

酒食宴饮中守正吉祥，因为守正，合宜适中。

有不请自来的几个人，恭敬对待，终会吉祥，因为尽管处位不适当，但没有大的过失。

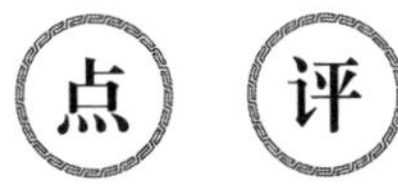

点评

需卦是《周易》六十四卦中的第五个卦，卦形是上卦坎、下卦乾。《象传》说“云上于天，需”，把需卦的上卦坎说成“云”，这和屯卦《象传》把屯卦的上卦坎、下卦震说成“云雷，屯”是一样的道理，坎虽然象征水，但在需卦的卦形中，水布置在天上，天上的水就是指水汽凝结出的云气了，所以说“云上于天，需”。

需卦象征需待，等待。坎又象征凶险，《彖传》说“险在前也”，站在下卦的位置看，上卦坎就在前方，前方有凶险，自然要等待。需卦六爻表现的是等待所经历的各个阶段，六爻的爻辞描绘各阶段遇到的问题和采用的应对方式。初九爻“需于郊”是在郊外等待，距离凶险尚远，但仍然需要等待，这时候保持恒心，就能够没有灾害。九二爻“需于沙”是在沙地等待，与前方凶险的距离缩小，这时候的表现是略遭闲言，如果等待时处事得当，事有转机，终究仍会吉祥。九三爻“需于泥”是在泥滩中等待，陷入泥泞中，贼寇就到来了。《象传》说“需于泥，灾在外也。自我致寇，敬慎不败也”，说明九三爻在泥滩等待，陷入泥泞，等待的场合不宜，处事不当，自然有贼寇到来，而且这些贼寇完全是自己招致来的。六四爻“需于血”、九五爻“需于酒食”到上六爻“入于穴”，这些爻所处的位置就在需卦的上卦坎中。六四爻“需于血”是在沟洫等待，极其临近凶险，但这时候顺逊处事，就能够脱离坑穴，离开凶险之地，《象传》说“需于血，顺以听也”就是这个意思。九五爻“需于酒食”是在酒食宴饮中等待，虽然处在凶险当中，但是行为守正，就能够从容应对凶险，获得吉祥。上六爻“入于穴”是深陷坑穴当中，险之又险，但是有不请自来的几个人扶持，自己同时保持恭敬的态度，终究会获得吉祥。

总之，无论是在等待的哪一个阶段，遇到所有问题都可以用一条准则应对，这条准则就是需卦卦辞及《彖传》《象传》中反复提示的“需，有孚，光亨，贞吉，位乎天位，以正中也”，等待时心怀诚信，守正，处位适当，就能够获得吉祥，然后可以“利涉大川”。

《周易》经传文中多次出现“利涉大川”，用现代汉语直接翻译是宜渡河，但在思想意义的层面上，渡河意味着渡过艰难。

第六卦 讼䷅

经文

讼，有孚窒惕①，中吉。终凶，利见大人，不利涉大川。

初六，不永所事②，小有言，终吉。

九二，不克讼③，归而逋④，其邑人⑤三百户无眚⑥。

六三，食⑦旧德⑧，贞厉，终吉。或从王事，无成。

九四，不克讼，复既命⑨，渝⑩，安贞吉。

九五，讼，元吉。

上九，或锡之鞶带⑪，终朝三褫之⑫。

注释

①窒惕：闭塞惕惧。窒：闭塞。

②不永所事：不为争讼之事纠缠不休。永：长久。

③不克讼：争讼失败。克：取胜。

④逋：读bū，躲避。

⑤邑人：城邑中的人。

⑥无眚：没有灾害。眚：读shěng，灾难。

⑦食：享食，享用。

⑧旧德：固有德行。

⑨复既命：回归天命。既：就，到。

⑩渝：改变。

⑪锡之鞶带：被赐予鞶带。锡：读cì，赐予。鞶：读pán，官员的腰带，引申为高官厚禄。

⑫朝三褫之：一日内被多次剥夺。朝：天。褫：读chǐ，剥夺。

译文

讼卦象征争讼，心中诚信闭塞而惕惧，保持谨慎，持中不偏吉祥。终会有凶险，宜拜见大人，不宜渡河。

初六，不为争讼之事纠缠不休，略有闲言，终会吉祥。

九二，争讼失败，返回逃避。同乡人没有灾害。

六三，安享旧有德业，守正以防凶险，终会吉祥。有时随从君王做事，不自居其成。

九四，争讼失败，回归天命，改变争讼之心，安居守正，吉祥。

九五，争讼初始吉祥。

上九，有时被赐予厚禄，终会在一日内被多次剥夺。

传文

《彖》曰：讼，上刚下险，险而健，讼。讼，有孚窒惕，中吉，刚来而得中也。终凶，讼不可成也。利见大人，尚[①]中正也。不利涉大川，入于渊[②]也。

注释

①尚：崇尚。

②入于渊：陷入深渊。

译文

《彖传》说：讼卦，上有阳刚下有险陷，遇险难而刚健，所以争讼。争讼时，心怀诚信，保持谨慎，持中不偏吉祥，因为阳刚前来居处中位。终会有凶险，因为争讼不能取胜。宜拜见大人，因为崇尚持中守正。不宜渡河，因为将陷于深渊。

《象》曰：天与水违行[①]，讼。君子以作事谋始[②]。

不永所事，讼不可长也。虽小有言，其辩明也。

不克讼，归逋窜[③]也。自下讼上，患至掇[④]也。

食旧德，从上吉也。

复即命，渝，安贞不失也。

讼，元吉，以中正也。

以讼受[⑤]服，亦不足敬也。

注释

①违行：相背运行。违：违背。

②作事谋始：深虑办事开端。谋：思谋。始：初始，开端。

③窜：逃窜。

④掇：读duō，中止。

⑤受：授受。

译文

《象传》说：天与水相背运行，象征争讼。君子效此深虑办事开端。

不为争讼之事纠缠不休，因为争讼不可长久。尽管略有闲言，仍会辩解明白。

争讼失败，退避逃窜归来。在下与上争讼，灾害到来及时躲避。

安享旧有德业，因为向上顺从吉祥。

回归天命，改变争讼之心，因为安居守正没有过失。

争讼初始吉祥，因为适中守正。

因为争讼被赐予服饰，不值得尊敬。

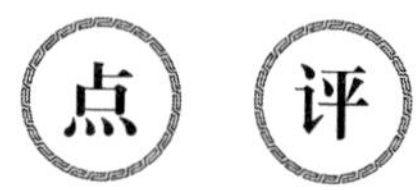

讼卦是《周易》六十四卦中的第六个卦，卦形是上卦乾、下卦坎，六爻的阴阳布置和需卦上下相反相对。讼卦象征争讼，导致争讼的根本原因，无非是两方意见不合。《象传》说“天与水违行，讼”，天与水相背运行，生动形象地说明了争讼发生的诱因。

争讼是两方中间产生矛盾，发生斗争，讼卦经传文体现了《周易》作者对争讼这类事情的态度——基本反对争讼。讼卦卦辞说“讼，有孚窒惕，中吉。终凶，利见大人，不利涉大川”，争讼时心中不怀诚信，因而惕惧不已，终究会遇险。初六爻辞说“不永所事，小有言，终吉”，表现了《周易》作者反对争讼，主张及时中止争讼的意见，不为争讼之事纠缠不休，那么即便略遭闲言，终究会获得吉祥。相反，如果永于争讼之事，为此纠缠不休，那么即便取得了争讼的胜利，也终究不会有好的结果，上九爻辞说“或锡之鞶带，终朝三褫之”，有时被赐予厚禄，终会在一日内被多次褫夺，指的就是这层含义。九二爻辞和九四爻辞说“不克讼，归而逋，其邑人三百户无眚”，“不克讼，复既命，渝，安贞吉”两句，都表现了《周易》作者对及时醒悟，停止争讼的鼓励，争讼中的人遭遇失败，尽早悔悟，仍旧可以得到大家的包容，那就没有灾害了。六三爻辞说“食旧德，贞厉，终吉。或从王事，无成”指的是秉持不与人争讼的德行，随从君王勤勉做事，不自居功劳，杜绝争讼的缘起。

争讼这类事情本身不值得提倡，但是，当面对无理侵犯时，为了维护自身权益，不得不发生争讼。这时候，需要采取合理的方式进行抗争，讼卦九五爻辞非常简单地说“讼，元吉”，其中隐藏的深意是主张持中守正，进行争讼，有理有据，那么争讼就能够获得成功。

第七卦　师䷆

经文

师，贞，丈人①吉，无咎。

初六，师出以律，否臧凶②。

九二，在师，中吉，无咎。王三锡命。

六三，师或舆尸③，凶。

六四，师左次④，无咎。

六五，田有禽，利执言⑤，无咎。长子⑥帅师⑦，弟子⑧舆尸，贞凶。

上六，大君有命⑨，开国承家⑩，小人勿用。

注释

①丈人：德高、年长、位尊的人，与“大人”相通。

②否臧凶：不善有凶。否：读pǐ，恶。臧：读zāng，善。

③舆尸：载尸。舆：车，用车载。

④左次：撤退。

⑤利执言：宜捕捉。执：执缚，捕捉。言：语助词。

⑥长子：德高、年长、位尊的人，低于“丈人”，但与“丈人”相通。

⑦帅师：统率兵种。

⑧弟子：年资、德行尚浅的人，与“小人”相通。

⑨大君有命：君王发令。大君：君王。令：施令。

⑩开国承家：封建诸侯，封赏功臣。

译文

师卦象征兵众，守正，丈人吉祥，没有灾害。

初六，统兵依照纪律，军纪不良会有凶险。

九二，统兵持中不偏，吉祥，没有灾害。君王多次赐予奖赏。

六三，兵众时而载尸而归，有凶险。

六四，兵众撤退，没有灾害。

六五，田中有禽兽，宜捕捉，没有灾害。长子可以统兵，小子会载尸而归，守正以防凶险。

上六，君王发令，封赏功臣，不任用小人。

传文

《象》曰：师，众也。贞，正也。能以众正，可以王[①]矣。刚中而应，行险而顺，以此毒[②]天下，而民从之，吉又何咎矣。

注释

①王：读wàng，称王，统治。

②毒：治理。

译文

《彖传》说：师，是众人的意思。贞，是守正的意思。能使众人守正，就可以主天下了。阳刚居中而有应和，行于险难而顺应常理，以此治理天下，民众顺从它，吉祥又有何灾害。

《象》曰：地中有水，师。君子以容民畜众[①]。

师出以律，失律凶也。

在师中吉，承[2]天宠也。王三锡命，怀万邦也。

师或舆尸，大无功也。

左次无咎，未失常也。

长子帅师，以中行也。弟子舆尸，使不当也。

大君有命，以正功也。小人勿用，必乱邦也。

注释

①容民畜众：收容万民。容、畜：收容。

②承：承受。

译文

《象传》说：地中聚水，象征兵众。君子效此收容万民。

统兵依照法律，因为没有法律必然凶险。

统兵持中不偏，吉祥，因为承受上天恩宠。君王多次赐予奖赏，因为心怀万邦。

兵众时而载尸而归，因为大无功劳。

兵众撤退，没有灾害，因为没有失去常理。

长子可以统兵，因为合宜适中而行动。小子会载尸而归，因为任用不当。

君王发令，因为正定功劳。不任用小人，因为必然扰乱邦国。

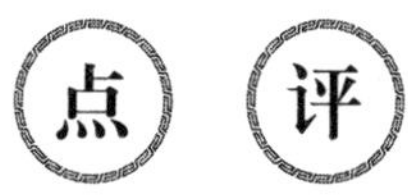

点评

师卦是《周易》六十四卦中的第七个卦，卦形是上卦坤、下卦坎。师卦象征兵众，卦爻辞的表述都与兵众相关。师卦卦辞说“丈人吉”，指的是德高、年长、位尊的大人统领兵众。初六爻“师出以律”，指的是依照纪律统兵。九二爻“在师”，指的是持中不偏地统兵。六三爻“师或舆尸”，指的是统兵出征遭遇败仗。六四爻“师左次”，指的是统领兵众撤退。六五爻“长子帅师”，指的是年长、贤明的长子统兵出征。上六爻辞“大君有命，开国承家，小人勿用”，指的是征伐凯旋后，君王对兵将论功行赏。《周易》作者认为，统领兵众的合适人选必然是德高、年长、位尊的大人，或者年长、贤明的长子，统领时必须严格依照纪律，守正，持中不偏，适时出击和撤退，只有这样才能够获得征伐顺利，并进一步保障国泰民安。

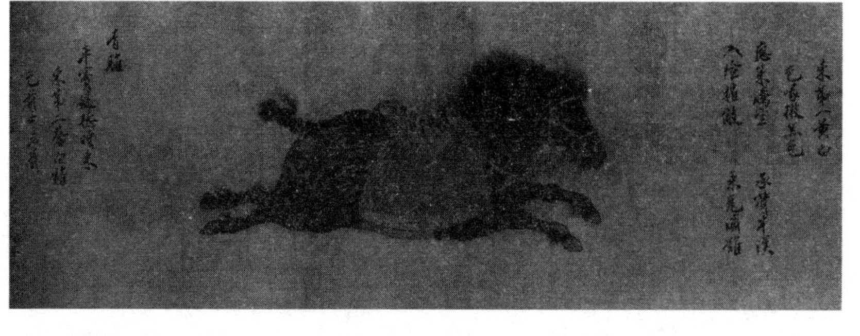

第八卦　比䷇

经文

比，吉。原筮[①]，元永贞，无咎。不宁方来[②]，后夫凶。

初六，有孚比之，无咎。有孚盈缶[③]，终来有它[④]，吉。

六二，比之自内，贞吉。

六三，比之匪人。

六四，外比之，贞吉。

九五，显比[⑤]，王用三驱[⑥]，失前禽[⑦]，邑人不诫[⑧]，吉。

上六，比之无首[⑨]，凶。

注释

①原筮：再筮。原：再次。

②不宁方来：生活不安宁的人从四方而来。宁：读níng，安宁。方：四方。

③盈缶：满缶。缶：盛酒的容器。

④终来有它：终能广泛安抚多方。来：来归服。它：他方，引申为多方。

⑤显比：光明正大亲比。显：显明。

⑥三驱：君王狩猎时从三面拦网，前方不拦网。

⑦失前禽：禽兽从前方逃脱，失去前方禽兽。

⑧诫：警戒，警惕。

⑨无首：不自居首位。

译文

比卦象征亲比，吉祥。再次卜筮，初始即永远守正，没有灾害。生活不安宁的人从四方而来，迟来的有凶险。

初六，心怀诚信亲比，没有灾害。心中诚信像满缶的酒，终能广泛安抚多方，吉祥。

六二，在内亲比，守正吉祥。

六三，亲比不当的人。

六四，在外亲比，守正吉祥。

九五，光明正大亲比，君王捕猎时，从三个方向驱赶，放任禽兽从前方逃脱，同乡人不警惕，吉祥。

上六，亲比，不自居首位，有凶险。

传文

《彖》曰：比，吉也。比，辅也，下顺从也。原筮，元永贞，无咎，以刚中也。不宁方来，上下应也。后夫凶，其道穷也。

译文

《彖传》说：亲比，吉祥。比，是亲比的意思，居下位能顺从于上。再次卜筮，初始即永远守正，没有灾害，因为阳刚居中。生活不安宁的人从四方而来，因为上下相应。迟来的有凶险，因为亲比之道已经穷尽。

《象》曰：地上有水，比。先王以建万国，亲诸侯。

比之初六，有它吉也。

比之自内，不自失也。

比之匪人，不亦伤[1]乎？

外比于贤，以从上也。

显比之吉，位正中也。舍逆取顺，失前禽也。邑人不诫，上使中也。

比之无首，无所终也。

注释

①伤：哀伤。

译文

《象传》说：地上布满水，象征亲比。先王效此建立万国，亲比诸侯。

比卦初六爻，有多方吉祥。

在内亲比，不会失去自身德行。

亲比不当的人，不是可悲的事吗？

在外亲比贤人，因为向上顺从。

光明正大亲比的吉祥，因位处位刚正适中。舍弃违逆而取逊顺，就是放任禽兽从前方逃脱。同乡人不警惕，因为在上守正。

亲比，不自以为首，无法亲比到底。

比卦是《周易》六十四卦中的第八个卦，卦形是上卦坎、下卦坤，六爻的阴阳布置和师卦上下相反相对。比卦象征亲比，《象传》说“地上有水，比”，地上布满水，这就有亲密无间的表象。

与人亲比，总体上是好事，所以比卦卦辞说“吉。原筮，元永贞，无咎”，与人亲比就能获得吉祥，再次卜筮仍然能获得吉祥。甚至又说“不宁方来，后夫凶”，生活不安宁的人从四方而来互相亲比，迟来的就会有凶险。

《象传》说明了积极与人亲比的目的，就是“建万国，亲诸侯”，使自己得到多方帮助，并受到众人的拥护。

比卦爻辞表现了亲比的几种不同形式。初六爻是“有孚比之”，心中充满诚信的亲比，那么，就能够广泛地安抚多方，获得吉祥。六二爻是“比之自内”，在内与人亲比，守正就能够获得吉祥。六三爻是“比之匪人”，亲比了不应当亲比的人，不必明言，自然会遭到凶险。六四爻是“外比之”，在外与人亲比，守正就能够获得吉祥。九五爻是“显比”，光明正大地与人亲比，表现出极大的宽容和诚信，自然能够获得吉祥。上六爻是“比之无首”，与人亲比时，不自以为首，这就是卦辞中说的“后夫凶”，消极懈怠，不积极主动地与人亲比，就会陷入孤立的境地，遭到凶险。

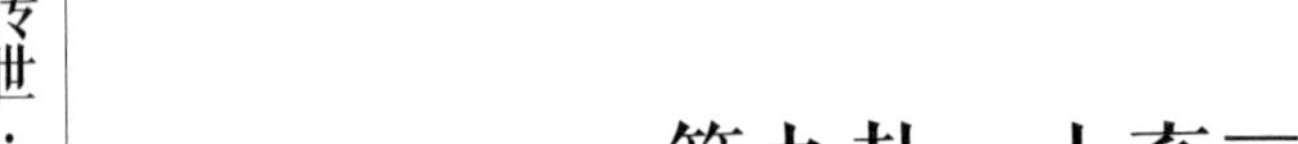

第九卦　小畜䷈

经文

小畜，亨。密云不雨[1]，自我西郊。

初九，复自道[2]，何其咎？吉。

九二，牵复[3]，吉。

九三，舆说辐[4]，夫妻反目[5]。

六四，有孚，血去惕出，无咎。

九五，有孚挛[6]如，富以其邻[7]。

上九，既雨既处[8]，尚德载[9]。妇贞厉。月几望[10]，君子征[11]凶。

注释

①密云不雨：浓云密布而不降雨。

②复自道：返回自身之道。

③牵复：被牵引返回。

④舆说辐：车轮辐条脱落。舆：车。说：读tuō，脱。辐：辐条。

⑤反目：怒目相视，引申为不和。

⑥挛：系联。

⑦富以其邻：与近邻共同富贵。以：与。

⑧既雨既处：已经降雨结束。既：已经。处：停止。

⑨尚德载：车尚可运载。尚：尚且。德：得。

⑩月几望：月将圆。几：接近。望：望日，每月十五日月圆时。

⑪征：前往。

译文

小畜卦象征小有畜聚，亨通。浓云密布而不降雨，云从西边来。

初九，返回自身的阳刚之道，会有什么灾害？吉祥。

九二，被牵引返回阳刚之道，吉祥。

九三，车轮辐条脱落，夫妻反目成仇。

六四，心怀诚信，不再忧伤惕惧，没有灾害。

九五，以诚信系联，与近邻共同富贵。

上九，已经降雨结束，车尚可运载。妇人守正以防凶险。月将圆时，君子前往有凶险。

传文

《彖》曰：小畜，柔得位而上下应之，曰：小畜。健而巽[①]，刚中而志行，乃亨。密云不雨，尚往也。自我西郊，施[②]未行也。

注释

①巽：逊顺。

②施：布施。

译文

《彖传》说：小畜卦，阴柔得位而上下相应，所以说：小畜卦象征小有畜聚。上下刚健逊顺，阳刚居中而志向得到施行，于是亨通。浓云密布而不降雨，因为云气往向上离去。云从西边来，因为阴阳交合布施而未畅行。

《象》曰：风行天上，小畜。君子以懿文德[1]。

复自道，其义吉也。

牵复在中，亦不自失也。

夫妻反目，不能正室也。

有孚惕出，上合志也。

有孚挛如，不独富也。

既雨既处，德积载也。君子征凶，有所疑也。

注释

①懿文德：温文的德行。懿：美好。文：温文。

译文

《象传》说：风吹行在天上，象征小有畜聚。君子效此修养美好温文的德行。

返回自身的阳刚之道，它的含义就是吉祥。

被牵引返回阳刚适中，不会失去自身德行。

夫妻反目成仇，不能规正妻室。

心怀诚信，不再惕惧，因为与上位有相同志向。

以诚信系联，因为不独享富有。

降雨结束，因为德行已经积聚满载。君子前往有凶险，因为有所疑虑。

小畜卦是《周易》六十四卦中的第九卦，卦形是上卦巽、下卦乾。小畜卦象征小有畜聚，卦辞说“密云不雨”，浓云密布而不降

雨，这就是一种小有畜聚的现象。“密云不雨，自我西郊”是古代民间一种看云测天的方法，云向东飘移，基本不会降雨。《象传》说“密云不雨，尚往也。自我西郊，施未行也”，用现代汉语翻译是说浓云密布而不降雨，因为云气往向上离去，云从西边来，因为阴阳交合布施而未畅行，而其中更深层次的含义是指六四阴爻畜聚其他阳爻，阴柔畜聚阳刚，小畜聚大，所以卦名称为小畜卦。

小畜卦的爻辞没有直接体现小有畜聚的含义，而是隐晦地用阴阳爻的相互关系说明其中深意。初九爻“复自道”是说初九阳爻上应六四阴爻，阴柔畜聚阳刚，小畜聚大，这时候仍返回自身的阳刚之道，才能够没有灾害。九二爻“牵复”是说九二阳爻受到六四阴爻的畜聚，但被初九阳爻牵引返回阳刚之道，所以没有灾害。九三爻“舆说辐，夫妻反目”是说九三阳爻临近六四阴爻，被六四阴爻畜聚，同时，六四阴爻乘凌在九三阳爻之上，必然发生冲突，导致车轮辐条脱落，夫妻反目成仇这样凶险的现象。六四爻正是畜聚小畜卦众多阳爻的阴爻，六四阴爻处于适当的位置，向上亲附九五阳爻，所以即便因为先前畜聚了众多阳爻，有凶险征兆还能够“血去惕出”，不再忧伤惕惧，从而没有灾害。九五阳爻“有孚挛如，富以其邻”是说九五阳爻处于尊贵的五爻位置，能够满怀诚信地联系众多阳爻共同呼应六四阴爻。上九阳爻处在小畜卦的终极位置而被六四阴爻畜聚。

小畜卦的卦爻辞，从“密云不雨”到“既雨既处”，从浓云密布而不降雨到降雨已经结束，说明阴柔畜聚阳刚，小畜聚大应该有一个适宜的状态。《象传》说“君子以懿文德”，小有畜聚，君子效此修养美好温文的德行就能够达到亨通的境界。一旦畜聚过度，阴柔乘凌阳刚，甚至完全畜聚阳刚，就会导致凶险。所以上九爻辞说“妇贞厉”，妇人指的是阴柔，阴柔守正，才能够防止凶险发生，同时告诫君子妄动则易遭遇凶险。

第十卦　履☰

履虎尾，不咥人[①]。亨。

初九，素[②]履往，无咎。

九二，履道坦坦[③]，幽人[④]贞吉。

六三，眇能视[⑤]，跛能履[⑥]，履虎尾，咥人，凶。武人[⑦]为[⑧]于大君。

九四，履虎尾，愬愬[⑨]，终吉。

九五，夬[⑩]履，贞厉。

上九，视履考祥[⑪]，其旋[⑫]元吉。

注释

①咥：读dié，咬。

②素：朴素。

③坦坦：平坦。

④幽人：幽静安恬的人。

⑤眇能视：眼盲而强看。眇：读miǎo，眼盲。

⑥跛能履：跛足而强行。

⑦武人：勇武的人。

⑧为：作文，效力。

⑨愬：读sù，惕惧。

⑩夬：读guài，果决。

⑪视履考祥：审视走过的路考察吉凶福祸。视：审视。考：考察。祥：

吉凶福祸。

⑫旋：返回。

译文

踩到了虎尾，虎不咬人。亨通。

初九，朴素行动，没有灾害。

九二，行走在平坦道路上，幽静安恬的人守正，吉祥。

六三，眼盲而强看，跛足而强行，踩到了虎尾，被老虎咬，有凶险。勇武的人效力于君王。

九四，踩到了虎尾，惕惧谨慎，终会吉祥。

九五，果决行走，守正以防凶险。

上九，审视走过的路考察吉凶福祸，考察祸福体现，返回初始吉祥。

传文

《彖》曰：履，柔履刚也，说[①]而应乎乾，是以履虎尾，不咥人，亨。刚中正，履帝位而不疚[②]，光明也。

注释

①说：读yuè，和悦。

②疚：愧疚。

译文

《彖传》说：履卦，是阴柔践履阳刚，和悦顺应于乾，所以踩到了虎尾，虎不咬人。亨通。阳刚居中，践行天子之位而不必愧疚，因为它光明璀璨。

《象》曰：上天下泽，履。君子以辩上下，定民志。

素履之往，独行愿[1]也。

幽人贞吉，中不自乱也。

眇能视，不足以有明也。跛能履，不足以与行也。咥人之凶，位不当也。武人为于大君，志刚也。

愬愬终吉，志行也。

夬履贞厉，位正当也。

元吉在上，大有庆也。

注释

①愿：意愿。

译文

《象传》说：上面天、下面泽，象征行走。君子效此辨别尊卑上下，安定万民志向。

朴素的行动，因为独自施行意愿。

幽静安恬的人守正，吉祥，因为合宜适中就心志不会混乱。

眼盲而强看，不值得明辨。跛足而强行，不值得行走。有被老虎咬的凶险，因为处位不适当。勇武的人效力于君王，因为志向阳刚。

惕惧谨慎，终会吉祥，因为志向得到施行。

惕惧谨慎，终会吉祥，因为处位端正适当。

初始吉祥在上位，因为大有吉庆。

履卦是《周易》六十四卦中的第十卦，卦形是上卦乾、下卦兑。六爻的阴阳布置和小畜卦上下相反相对。履的意思是行走，履卦卦辞和六爻爻辞全部在说行走。卦辞说“履虎尾”，是行走过程中踩到了虎尾。初九爻说“素履往”，是朴素行动。九二爻“履道坦坦”，是行走在平坦道路上。六三爻“跛能履”，是跛足而强行。九五爻“夬履”，是果决行走。上九爻“视履考祥”，是审视走过的路考察吉凶福祸。总的来说，行走过程中守正，持中不偏，就能够获得吉祥；反之，则遭遇凶险。

第十一卦 泰䷊

经文

泰，小往大来，吉，亨。

初九，拔茅茹①，以其汇②，征吉。

九二，包荒③，用冯④河，不遐遗⑤。朋亡⑥，得尚于中行。

九三，无平不陂⑦，无往不复。艰⑧贞无咎，勿恤⑨其孚，于食⑩有福。

六四，翩翩⑪，不富，以其邻不戒⑫以孚。

六五，帝乙归妹⑬，以祉元吉。

上六，城复于隍⑭。勿用师，自邑告命⑮，贞吝。

注释

①拔茅茹：拔起茅草根系相连。茅：茅草。茹：根系相连。

②汇：同类。

③包荒：包容山川。包：包容。荒：山川。

④冯：读píng，徒步涉水。

⑤不遐遗：不遗漏远方。遐：远方。

⑥朋亡：没有朋党，不勾结朋党。亡：无。

⑦无平不陂：不会只有平地没有坡地。平：平地。陂：坡地。

⑧艰：艰难，谨记艰难。

⑨恤：忧虑。

⑩食：饮食。

⑪翩翩：连绵不断的样子。

⑫戒：告诫。

⑬帝乙归妹：帝乙嫁女。帝乙：一名商代君王。归妹：嫁女。归：出嫁。

⑭城复于隍：城墙倾覆在城壕中。城：城墙。复：倾覆。隍：读huáng，城壕。

⑮告命：祷告天命。

译文

泰卦象征通，柔小者往外，强大者来内，吉祥，亨通。

初九，拔起茅草根系相连，这是同类相聚所致，前进吉祥。

九二，用包容山川的胸怀，可以渡河，不遗漏关系远的人。不勾结朋党，持中守正而受到崇尚。

九三，不会只有平地没有坡地，不会只有前往没有返回。谨记艰难，守正便没有灾害。不要担忧信用，享禄自有福祉。

六四，来往翩翩，不与邻人同富，不相告诫而有诚信。

六五，帝乙嫁出少女，以此得福，初始吉祥。

上六，城墙倾覆在城壕中。不要兴兵，要在城中祷告天命，守正以防悔恨。

传文

《象》曰：泰，小往大来，吉，亨。则是天地交而万物通也，上下交而其志同也。内阳而外阴，内健而外顺，内君子而外小人，君子道长，小人道消也。

译文

《彖传》说：通泰时，柔小者往外，强大者来内，吉祥，亨通。因为天地相交而万物畅通，上下相交而志向相通。阳在内，阴在外。刚健在内，柔

顺在外。君子在内、小人在外。君子之道增长，小人之道消亡。

《象》曰：天地交，泰。后①以财②成天地之道，辅相③天地之宜，以左右④民。

拔茅征吉，志在外也。

包荒，得尚于中行，以光大也。

无往不复，天地际⑤也。

翩翩不富，皆失实也。不戒以孚，中心愿也。

以祉元吉，中以行愿也。

城复于隍，其命乱也。

注释

①后：君王。

②财：裁决，裁度。

③辅相：辅佐。相：读xiàng，辅助。

④左右：管理。

⑤际：边际，交界。

译文

《象传》说：天地相交，象征通泰。君王效此裁度天地交通之道，辅助天地化生之事，以此管理万民。

拔起茅草根系相连，前进吉祥，因为志向是向外进取。

用包容山川的胸怀，持中守正而受到赏赐，因为德行光大显著。

不会只有前往没有返回，因为天地交接有边际。

来往翩翩，不与邻人同富，因为都失去阳刚敦实。不相告诫而有诚信，因为心中有意愿。

以此得福，初始吉祥，因为合宜适中而施行意愿。

城墙倾覆在城壕中，因为天命混乱。

点评

泰卦是《周易》六十四卦中的第十一卦，卦形是上卦坤、下卦乾。泰卦表示上下通达、阴阳感应，阐明事物通泰的道理。天气上升，地气下沉，天、地之气相向而行，就会发生交融，于是达到通泰的状态。《彖传》说“天地交而万物通也，上下交而其志同也”，天地相交而万物畅通，上下相交而志向相通，最鲜明地表达出了泰卦的通泰意义。

第十二卦　否䷋

经文

否[①]之匪人，不利，君子贞。大往小来。

初六，拔茅茹，以其汇。贞吉，亨。

六二，包承[②]，小人吉，大人否亨。

六三，包羞[③]。

九四，有命[④]无咎，畴离祉[⑤]。

九五，休否[⑥]，大人吉。其亡其亡[⑦]，系于苞桑[⑧]。

上九，倾否[⑨]，先否后喜。

注释

①否：读pǐ，闭塞。

②包承：包容奉承的人。承：奉承。

③羞：遭遇羞辱。

④有命：奉行天命。

⑤畴离祉：众人相依获得福祉。畴：读chóu，众类。离：附着，依附。祉：福祉。

⑥休否：结束闭塞。休：休止，结束。

⑦其亡其亡：心中深怀忧患的样子。亡：危亡，凶险。

⑧苞桑：丛生的桑树。苞：读bāo，丛生。

⑨倾否：倾覆闭塞。倾：倾覆。

译文

闭塞不该闭塞的人。君子守正。强大者往外，柔小者来内。

初六，拔起茅草根系相连，这是同类相聚所致。守正，吉祥，亨通。

六二，包容奉承的人，小人吉祥，大人闭塞小人，亨通。

六三，包容而遭遇羞辱。

九四，奉行天命没有灾害。众人相依获得福祉。

九五，结束闭塞，大人吉祥。心中深怀忧患，像丛生的桑树一样坚固不拔。

上九，倾覆闭塞，先闭塞，后有喜。

传文

《象》曰：否之匪人，不利，君子贞。大往小来。则是天地不交而万物不通也，上下不交而天下无邦也。内阴而外阳，内柔而外刚，内小人而外君子。小人道长，君子道消也。

译文

《彖传》说：阻塞了不该阻塞的人。君子守正。强大者往外，柔小者来内。因为天地不相交万物不畅通，上下不相交而天下离散不成邦国。阴在内阳在外，柔在内刚在外，小人在内君子在外，小人之道增长，君子之道消亡。

《象》曰：天地不交，否。君子以俭德辟难[1]，不可荣[2]以禄。

拔茅贞吉，志在君也。

大人否亨，不乱群也。

包羞，位不当也。

有命无咎，志行也。

大人之吉，位正当也。

否终则倾，何可长也？

注释

①俭德辟难：节俭育德而避难。俭：节俭。德：育德，培育德行。辟：读bì，规避，躲避。

②荣：荣华，追求荣华。

译文

《象传》说：天地不交合，象征闭塞。君子效此节俭育德而避难，不可妄求荣华厚禄。

拔起茅草根系相连，前进吉祥，因为志向是效力于君王。

大人闭塞小人，亨通，因为不被群小扰乱。

包容遭羞辱，因为处位不适当。

奉行天命没有灾害，因为志向得到施行。

大人的吉祥，因为处位端正适当。

闭塞终会倾覆，怎么会长久？

否卦是《周易》六十四卦中的第十二卦，卦形是上卦乾、下卦坤。六爻的阴阳布置和泰卦上下相反相对。事物的状态有通泰，就必然有闭塞。否卦象征闭塞，表现为事物间不相应和，上下不交，阴阳不和。否卦卦爻辞所要表达的最重要的思想是如何从事物闭塞状态转向通泰状态。《象传》说“天地不交，否。君子以俭德辟难，不可荣以禄”，天地闭塞时，君子应当节俭育德，以此避难，不可妄求荣华厚禄。

第十三卦　同人䷌

经文

同人[①]于野，亨，利涉大川，利君子贞。

初九，同人于门[②]，无咎。

六二，同人于宗[③]，吝。

九三，伏戎于莽[④]，升其高陵[⑤]，三岁[⑥]不兴[⑦]。

九四，乘其墉[⑧]，弗克攻，吉。

九五，同人，先号咷[⑨]，而后笑，大师[⑩]克相遇[⑪]。

上九，同人于郊[⑫]，无悔。

注释

①同人：与人和同。同：和同。野：旷野，古代称邑外为“郊”，郊外为“野”。

②同人于门：出门与人和同。

③同人于宗：在宗族内与人和同。宗：宗族。

④伏戎于莽：在草莽中安排伏兵。戎：军队。莽：草莽，草丛。

⑤升其高陵：登上高坡察看。升：上升，登上。高陵：高坡。

⑥三岁：多年。

⑦兴：兴起，兴兵。

⑧乘其墉：登上城楼。乘：登高。墉：读yōng，城楼。

⑨号咷：读háo táo，号啕大哭，大声痛哭。

⑩大师：大军。

⑪克相遇：胜利会师。克：取胜。相遇：会师，会军。

⑫郊：郊外，邑外为“郊”。

译文

在旷野与人和同亲辅，亨通，宜渡河，宜君子守正。

初九，出门与人和同，无有灾害。

六二，在宗族内与人和同，将有悔恨。

九三，在草莽中安排伏兵，登上高坡察看，多年不能兴兵。

九四，登上城楼，不进攻，吉祥。

九五，与人和同，先哭后笑，大军胜利会师。

上九，在郊外与人和同，没有悔恨。

传文

《彖》曰：同人，柔得位得中而应乎乾，曰同人。同人，曰同人于野，亨，利涉大川，乾行也。文明以健，中正而应，君子正也。唯君子为能通[①]天下之志。

注释

①通：会通。

译文

《彖传》说：同人卦，阴柔得位居中而上应刚健，称为“同人”。同人卦辞说在旷野与人和同亲辅，亨通，宜渡河，因为刚健得到施行。秉性文明而刚健，居位中正而互相应和，因为君子有守正之道。只有君子能会通天下志向。

《象》曰：天与火，同人。君子以类族辨物[①]。

出门同人，又谁咎也？

同人于宗，吝道也。

伏戎于莽，敌刚也。三岁不兴，安行也。

乘其墉，义弗克也。其吉，则困而反则[②]也。

同人之先，以中直也。大师相遇，言相克也。

同人于郊，志未得也。

注释

①类族辨物：类分族群辨别事物。类：分类。辨：分辨。

②反则：回归法度。反：返回。则：法则，法度。

译文

《象传》说：天与火本性相同，象征与人和同。君子效此类分族群辨别事物。

出门与人和同亲辅，会是谁的灾害？

在宗族内与人和同，是导致悔恨之道。

在草莽中安排伏兵，因为敌人阳刚。多年不能兴兵，因为安居待时行动。

登上城楼，含义就是不攻克。获得吉祥，因为困穷时能够回归法度。

与人和同先哭，因为适中正直。大军会师，说的是获胜。

在郊外与人和同，因为志向没有实现。

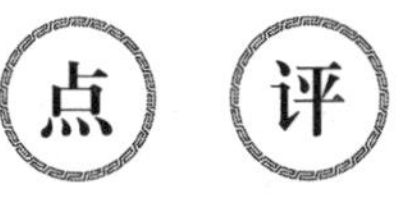

同人卦是《周易》六十四卦中的第十三卦，卦形是上卦乾、下卦离。同人卦象征与人和同，同人卦的卦爻辞表现了与人和同的几个阶段和状态。同人卦辞“同人于野”是在郊外旷野与人和同亲辅，形容与人和同的范围十分广泛，所以必然亨通，并宜有所行动。初九爻辞“同人于门”是刚出家门就与人和同亲辅，所以没有灾害。六二爻“同人于宗”是在宗族内部与人和同亲辅，只在宗亲内部和同，范围狭隘，当然会有所悔恨。九五爻辞“同人”只说和同，没有明确说明与人和同亲辅的具体状况，应当指的是与人和同这件事本身，与人和同亲辅难免“先号咷，而后笑”，先有不快，但是终究会有好的结果。上九爻辞“同人于郊”是在郊外与人和同，同样形容与人和同的范围广泛，所以没有悔恨。无论是哪一个阶段的与人和同，都遵守一项准则，就是卦辞中说的“利君子贞”，始终宜守持贞正。

第十四卦 大有䷍

经文

大有[①]，元亨。

初九，无交害[②]，匪咎[③]，艰则无咎。

九二，大车以载，有攸往，无咎。

九三，公用亨于天子[④]，小人弗克[⑤]。

九四，匪其彭[⑥]，无咎。

六五，厥孚交如[⑦]，威如[⑧]，吉。

上九，自天祐之[⑨]，吉无不利。

注释

①大有：大获所有，表示繁多、富有。

②无交害：不关涉灾害。交：关涉。

③匪咎：不是灾害。匪：不。

④公用亨于天子：公侯向天子朝贡。公：公侯。亨：献享，朝贡。

⑤弗克：不能够。克：能够。

⑥匪其彭：不恃盛而骄。彭：盛大。

⑦厥孚交如：以诚信相交。厥：其，他的。交：相交。

⑧威如：威严的样子。威：威严。

⑨自天祐之：有上天保佑。祐：保佑。

译文

大有卦象征大获所有，初始亨通。

初九，不关涉灾害，不是灾害，心怀忧患，没有灾害。

九二，用大车运载，有所前往，没有灾害。

九三，公侯向天子朝贡，小人不能担任。

九四，不恃盛而骄，没有灾害。

六五，以诚信相交，有威严，吉祥。

上九，有上天保佑，吉祥无不宜。

传文

《彖》曰：大有，柔得尊位，大中而上下应之，曰大有。其德刚健而文明，应乎天而时行，是以元亨。

译文

《彖传》说：大有卦，阴柔居尊位，高大居中上下阳相应，称为大有。它的德行刚健而文明，顺应天而按时行动，所以“初始亨通”。

《象》曰：火在天上，大有。君子以遏恶扬善[①]，顺天休命[②]。

大有初九，无交害也。

大车以载，积中不败也。

公用亨于天子，小人害也。

匪其彭无咎，明辩哲[③]也。

厥孚交如，信以发志[④]也。威如之吉，易而无备[⑤]也。

大有上吉，自天祐也。

注释

①遏恶扬善：遏制恶行褒扬善事。遏：遏制。扬：褒扬。

②顺天休命：顺应天而休美天命。顺：顺应。休：休美，美善。

③晢：明晰。

④发志：引发志向。发：启发，引发。

⑤无备：不设戒备，没有防备。

译文

《象传》说：火焰高悬天上，象征大获所有。君子效遏制恶行褒扬善事，顺应天而休美天命。

大有卦初九爻，不关涉灾害。

用大车运载，因为合宜适中不会失败。

公侯向天子朝贡，因为小人会有灾害。

不恃盛而骄，没有灾害，因为明辨清晰。

以诚信相交，因为以诚信引发志向。以诚信发上下之志。有威严吉祥，因为平易不设防备。大有卦上爻吉祥，因为有上天保佑。

大有卦是《周易》六十四卦中的第十四卦，卦形是上卦离、下卦乾。六爻的阴阳布置和同人卦上下相反相对。大有卦辞只说“元亨”，就是充分肯定大获所有的意思。大有卦爻辞显示了当大获所有时应当如何善处“大有”的道理。初爻是大获所有的初始，不妄交就不会有灾害。九二爻大获所有，以至于用大车运载，此时谨慎守持中道就没有灾害。九三爻像公侯一样大获所有，那么恭敬地献享于君王就会有好处。九四爻大获所有，不恃盛而骄，就可以避免灾害。六五爻居大有之尊，诚信遍施上下就能获得吉祥。上九爻谦顺安处，就能够长保富有。显然，各爻的情状虽然不一致，但总体含义都是妥善安保富有。

第十五卦 谦䷎

经文

谦，亨，君子有终①。

初六，谦谦②君子，用涉大川，吉。

六二，鸣谦③，贞吉。

九三，劳谦④，君子有终，吉。

六四，无不利，撝谦⑤。

六五，不富⑥，以其邻利用侵伐⑦，无不利。

上六，鸣谦，利用行师⑧，征⑨邑国。

注释

①有终：有好的结果。终：终结，结果。

②谦谦：谦而又谦，十分谦逊谨慎的样子。

③鸣谦：有声名而谦虚。鸣：声名外闻。

④劳谦：有功劳而谦虚。劳：功劳。

⑤撝谦：发扬谦虚的德行。撝：读huī，发挥，发扬。

⑥不富：不恃富贵。

⑦侵伐：征伐。

⑧行师：行兵，出征。

⑨征：征伐。

译文

谦卦象征谦虚，亨通，君子有好结果。

初六，谦而又谦的君子，用以渡河，吉祥。

六二，有声名而谦虚，守正，吉祥。

九三，有功劳而谦虚，君子有好结果，吉祥。

六四，无不宜，发扬谦虚的德行。

六五，不恃富贵，与邻人一同征伐，无不宜。

上六，有声名而谦虚，宜兴兵征伐邦国。

传文

《彖》曰：谦，亨。天道下济①而光明，地道卑而上行。天道亏盈而益谦，地道变盈而流谦②，鬼神害盈而福谦，人道恶盈而好谦。谦尊而光，卑而不可逾，君子之终也。

注释

①济：济助，帮助。

②流谦：充实谦虚的德行。流：流布，充实。

译文

《彖传》说：谦虚，亨通。天道向下济助发出光明，地道位处卑微而向上行。天道亏损盈满而补益谦虚，地道变化盈满而充实谦虚，鬼神危害盈满而施福谦虚，人道厌恶盈满而喜好谦虚。谦虚居尊而发出光明，卑微而不可逾越，这是君子的善果。

《象》曰：地中有山，谦。君子以裒多益寡，称物平施。

谦谦君子，卑以自牧也。

鸣谦贞吉，中心得也。

劳谦君子，万民服也。

无不利撝谦，不违则也。

利用侵伐，征不服也。

鸣谦，志未得也。可用行师，征邑国也。

译文

《象传》说：地中藏有高山，象征谦虚。君子效此裒取过多增益不足，称量事物公平施予。

谦而又谦的君子，因为以谦卑培育自己的德行。

有声名而谦虚，守正，吉祥，因为心中有所获得。

有功劳而谦虚的君子，有万民归服。

无不宜，发扬谦虚的德行，因为不违背法度。

宜征伐，是征伐不归服的人。

有声名而谦虚，因为志向没有实现。可以兴兵，因为是征伐邦国。

点评

谦卦是《周易》六十四卦中的第十五卦，卦形是上卦坤、下卦艮。谦卦说的是谦虚的美德。谦卦卦辞“谦，亨，君子有终”，表明谦虚美善可行。谦卦六爻的爻辞一一解释了谦虚有益的道理，初六爻卑下谦而又谦，无往不吉，六二爻谦德广闻，中正获吉，九三爻勤劳谦虚，有善终而吉，六四爻发挥谦道，无所不利，六五爻居尊行谦，无所不利，上六爻谦极有闻，宜兴兵征伐。综合谦卦的一卦六爻可见，下三爻都有吉而无凶，上三爻都有利而无害，但是，谦与骄是相对立而并存的，欲使天下归谦，必当平骄去逆。五六爻、上六爻有关侵伐、行师的文辞正见此义，《象传》说“裒取过多增益不足，称量事物公平施予”，揭示的也是这层含义。

第十六卦　豫䷏

经文

豫[①]，利建侯行师[②]。

初六，鸣豫[③]，凶。

六二，介于石[④]，不终日[⑤]，贞吉。

六三，盱豫[⑥]悔，迟[⑦]有悔。

九四，由豫[⑧]，大有得。勿疑，朋盍簪[⑨]。

六五，贞疾[⑩]，恒不死。

上六，冥豫[⑪]成，有渝无咎。

注释

①豫：娱乐，欢乐。

②行师：行兵，出征。

③鸣豫：耽乐有声名。鸣：声名在外。

④介于石：耿介如石。介：耿介，坚定。于：如。

⑤不终日：不到一整日。终日：整日。

⑥盱豫：谄媚地耽乐。盱：读xū，睁开眼睛向上看，引申为谄媚。

⑦迟：迟疑。

⑧由豫：由此得欢乐。由：从，由此。

⑨朋盍簪：朋友像发簪汇集发丝一样凝聚在一起。盍：读hé，汇合，聚合。簪：梳拢发丝的发簪，引申为汇集、聚合。

⑩贞疾：守正以防疾病。疾：疾病，防疾病。

⑪冥豫：日暮沉醉娱乐。冥：日暮。

译文

豫卦象征欢乐，宜封建诸侯兴兵。

初六，耽乐有声名，有凶险。

六二，耿介如石，不到一整日，守正就吉祥。

六三，谄媚耽乐将有悔恨，悔恨迟疑又将悔恨。

九四，由此而得欢乐，大有所得。不要疑虑，朋友像发簪汇集发丝一样凝聚在一起。

六五，守正以防疾病，长久不死。

上六，日暮仍醉于娱乐，事虽成而有变。（却）没有灾害。

传文

《彖》曰：豫，刚应而志行，顺以动，豫。豫，顺以动，故天地如之，而况建侯行师乎？天地以顺动，故日月不过，而四时不忒。圣人以顺动，则刑罚清而民服。豫之时义大矣哉。

译文

《彖传》说：豫卦，阳刚有应而志向得到施行，顺应而动，有欢乐。欢乐时，顺应而动，天地也如此运行，何况"封建诸侯兴兵"？天地顺应而动，所以日月运行没有过失，四时运转没有差错。圣人顺应而动，就刑罚清明而万民归服。豫卦的意义多么宏大。

《象》曰：雷出地奋，豫。先王以作乐崇德，殷荐之上帝，以配祖考。

初六鸣豫，志穷凶也。

不终日贞吉，以中正也。

盱豫不悔，位不当也。

由豫大有得，志大行也。

六五贞疾，乘刚也。恒不死，中未亡也。

冥豫在上，何可长也？

译文

《象传》说：雷声发出大地振奋，象征欢乐。先王效此制作音乐增崇德行，隆重祭祀上帝，并配享祖宗。

初六爻耽乐有声名，因为志向穷尽有凶险。

不到一整日，守正就吉祥，因为适中守正。

谄媚耽乐而不悔恨，因为处位不适当。

由此而得欢乐，大有所得，因为志向大为施行。

六五爻守正以防疾病，因为乘凌阳刚。长久不死，因为合宜适中就不会消亡。

在上日暮仍醉于娱乐，怎么会长久？

豫卦是《周易》六十四卦中的第十六卦，卦形是上卦震、下卦坤。六爻的阴阳布置和谦卦上下相反相对。豫卦揭示的是欢乐的道理，强调欢乐的两个重要方面，首先应当顺性而乐，适可而止，即《象传》所谓“顺以动”之义，其次必须与物同乐，广乐天下，即《象传》所谓“刚应而志行”之义。豫卦卦辞取“利建侯行师”

为喻，旨意在于说明顺应天下形势而动，使天下同归安乐。豫卦六爻当中，九四阳爻主于施乐，所以全卦的欢乐由之而得；六五爻阴柔主于处乐，所以吉凶得失不同；初六爻过度享乐自鸣得意而致凶险；六三爻谄媚求欢而有悔恨；六五爻居尊，不可沉溺欢乐，须守正以防凶险；上六爻昏冥纵乐，不加改正，必有灾害，唯独六二爻持中守正，所以欢乐而获吉祥。由此可见，豫卦虽然以欢乐为义，但卦爻辞中处处显示着戒人不得穷欢极乐的道理。

第十七卦　随䷐

经文

随[1]，元亨，利贞，无咎。

初九，官有渝[2]，贞吉，出门交[3]有功[4]。

六二，系小子[5]，失丈夫。

六三，系丈夫，失小子。随有求得，利居贞。

九四，随有获，贞凶。有孚在道[6]，以明，何咎？

九五，孚于嘉[7]，吉。

上六，拘系之[8]，乃从[9]，维[10]之。王用亨于西山[11]。

注释

①随：随从。

②官有渝：观念改变。官：观念。

③出门交：出门与人交往。交：交往。

④有功：有功效，获得成功。

⑤系小子：系属，亲附。

⑥有孚在道：心怀诚信而守正。在道：在道中，引申为守持贞正。

⑦孚于嘉：布施诚信给美善的人。嘉：美善，美善的人。

⑧拘系之：拘禁令之亲附。拘：拘禁。

⑨从：顺从，随从。

⑩维：绑缚。

⑪用亨于西山：在西山祭祀。亨：读xiǎng，献享，祭祀。

译文

随卦象征随处，初始亨通，宜守正，没有灾害。

初九，观念改变，守正吉祥，出门与人交往可得成功。

六二，亲附小子，失去丈夫。

六三，亲附丈夫，失去小子。随从别人有求而得，宜安居守正。

九四，随从别人有所收获，守正以防凶险。心怀诚信而守正，正大光明，会有什么灾害？

九五，布施诚信给美善的人，吉祥。

上六，拘禁强令亲附才顺从，又用绳索绑缚。君王在西山祭祀。

传文

《彖》曰：随，刚来而下柔，动而说。随，大亨，贞无咎，而天下随时。随时之义大矣哉。

译文

《彖传》说：随卦，阳刚前来居阴柔之下，行动喜悦。随从时，大亨通，守正没有灾害，天下万物随时变化。随卦的含义多么宏大。

《象》曰：泽中有雷，随。君子以嚮晦入宴息。

官有渝，从正吉也。出门交有功，不失也。

系小子，弗兼与也。

系丈夫，志舍下也。

随有获，其义凶也。有孚在道，明功也。

孚于嘉吉，位正中也。

拘系之，上穷也。

译文

《象传》说：泽中有雷声，象征随从。君子效此按时到晚休息。

观念改变，因为守正可获得吉祥。出门与人交往可得成功，因为行为没有过失。

亲附小子，因为不能同时亲附。

亲附丈夫，因为志向在舍弃小子。

随从别人有所收获，因为它的含义就是有凶险。心怀诚信而守正，因为光明而获得成功。

布施诚信给美善的人，吉祥，因为处位端正适中。

拘禁强令亲附，因为在上随从之道已经穷尽。

点评

随卦是《周易》六十四卦中的第十七卦，卦形是上卦兑、下卦震。随卦阐发的是随从的道理，体现从善的宗旨。随卦卦辞“元亨，利贞”，高度赞美了随从之道，“无咎”强调以正相随则无害的观点。随卦六爻的寓意，以初九爻、九五爻最为美好，初九爻处下守正，迁善不已，九五爻居尊中正，竭诚向善，所以这两爻展示了随卦以善为随的象征主体，均获吉祥。至于六二爻、六三爻、六四爻、上六爻，全都或有失有得，或守正可以化凶而无灾害，或受强制才能从正，各见不同的随从之道，但各爻所阐发的诚意，都不离守正。由此可见，随卦卦爻辞中蕴含着一项鲜明而含义广泛的相随原则，即无论是人与人相处中的上随下、下随上，己随人、人随己，还是日常生活中的朝作晚息、遇事随时，都应当不违正道、诚心从善，表露了《周易》作者的处世、修身思想。

第十八卦　蛊䷑

经文

蛊①，元亨，利涉大川。先甲三日②，后甲三日③。

初六，干父之蛊④，有子考⑤，无咎，厉终吉。

九二，干母之蛊，不可贞。

九三，干父之蛊，小有悔，无大咎。

六四，裕父之蛊⑥，往见吝。

六五，干父之蛊，用誉⑦。

上九，不事王侯⑧，高尚其事。

注释

①蛊：读gǔ，蛊毒，弊乱。

②先甲三日：甲日前三天。古人用甲、乙、丙、丁、戊、己、庚、辛、壬、癸共十天干循环记日，甲日前三日为辛日。甲日前三天，引申为酝酿弊乱的前三天。

③后甲三日：甲日后三天为丁日。

④干父之蛊：匡正父辈的弊乱。干：匡正。

⑤有子考：子辈能成就先业。考：古人对父辈的称呼。

⑥裕父之蛊：宽容父辈的弊乱。裕：宽容。

⑦用誉：有赞誉。

⑧不事王侯：不累于王侯的事务。

译文

蛊卦象征整治弊乱，初始亨通，宜渡河。深虑酝酿弊乱的甲日前三天，预备甲日后三天。

初六，匡正父辈的弊乱，子辈能成就先业，没有灾害，防备凶险终会吉祥。

九二，匡正母辈的弊乱，不可匡正时，守正。

九三，匡正父辈的弊乱，略有悔恨，没有大的灾害。

六四，宽容父辈的弊乱，将有悔恨。

六五，父辈的弊乱，有赞誉。

上九，不累于王侯的事务，超脱事外。

传文

《彖》曰：蛊，刚上而柔下，巽而止蛊。蛊，元亨而天下治也。利涉大川，往有事也。先甲三日，后甲三日，终则有始，天行也。

译文

《彖传》说：蛊卦，阳刚在上、阴柔在下，逊顺而抑止弊乱。治蛊，初始亨通天下大得治。宜渡河，因为前往大有作为。深虑酝酿弊乱的甲日前三天，预备甲日后三天，因为有终就有始，这是天道运行的规律。

《象》曰：山下有风，蛊。君子以振民育德[①]。

干父之蛊，意[②]承考[③]也。

干母之蛊，得中道也。

干父之蛊，终无咎也。

裕父之蛊，往未得也。

干父用誉，承以德也。

不事王侯，志可则[④]也。

注释

①振民育德：振济民众培育德行。振：振济。

②意：意愿。

③承考：承继父业。考：父亲。

④则：效法。

译文

《象传》说：山下有风，象征整治弊乱。君子效此振济民众培育德行。

匡正父辈的弊乱，因为意愿在承继父业。

匡正母辈的弊乱，因为掌握了适中之道。

匡正父辈的弊乱，因为终会没有灾害。

宽容父辈的弊乱，因为前往难以有所收获。

匡正父辈有赞誉，因为以德行承继。

不累于王侯的事务，因为志向可为法度。

点评

蛊卦是《周易》六十四卦中的第十八卦，卦形是上卦艮、下卦巽。六爻的阴阳布置和随卦上下相反相对。蛊卦的卦爻辞说的是除弊治乱，卦辞明确说明此时宜渡过险滩，有亨通的前景，但是又用“先甲”“后甲”喻示鉴前戒后，谨始慎终的治蛊之道。蛊卦六爻中，初爻、三爻、四爻、五爻都以匡正父弊设喻，基本不会有灾害。九二爻以匡正母弊为喻，规诫母辈因势利导，慎守中道。上九爻独居治蛊穷尽之时，远避在外。由蛊卦各爻的爻辞还可以看出，弊乱往往是积久而成的，延续一代、两代人，终至酿成大患。

第十九卦　临䷒

经文

临[①]，元亨，利贞。至于八月有凶[②]。

初九，咸临[③]，贞吉。

九二，咸临，吉无不利。

六三，甘临[④]，无攸利。既忧之，无咎。

六四，至临[⑤]，无咎。

六五，知临[⑥]，大君之宜，吉。

上六，敦临[⑦]，吉，无咎。

注释

①临：从高处往下看，引申为监临，治理。

②八月有凶：到八月将有凶事。八月：阳气日衰的八月。

③咸临：以感化之心临民。咸：感，感化。

④甘临：巧言佞语治民。甘：甘甜，甜言蜜语，巧言佞语。

⑤至临：极为亲近地治民。至：极亲近。

⑥知临：明智地治民。知：明智。

⑦敦临：敦厚地临民。敦：敦厚。

译文

临卦象征监临，初始亨通，宜守正。到阳气日衰的八月有凶险。

初九，以感化之心治民，守正吉祥。

九二，以感化之心治民，吉祥，无不宜。

六三，巧言佞语治民，无所宜。知此而心怀忧患，没有灾害。

六四，极为亲近地治民，无有灾害。

六五，明智地治民，君王所宜，吉祥。

上六，敦厚地治民，吉祥，没有灾害。

传文

《象》曰：临，刚浸而长[①]，说而顺，刚中而应。大亨以正[②]，天之道也。至于八月有凶，消不久[③]也。

注释

①浸而长：逐渐增长。浸：渐。

②大亨以正：大亨通而守正。

③消不久：消退不能长久。消：消退。不久：无法长久。

译文

《彖传》说：临卦，阳刚逐渐增长，喜悦顺从，阳刚居中而有应和。大亨通仍守正，这是天道运行的规律。到阳气日衰的八月有凶险，阳刚消退不能长久。

《象》曰：泽上有地，临。君子以教思无穷[①]，容保民无疆[②]。

咸临贞吉，志行正也。

咸临吉无不利，未顺命也。

甘临，位不当也。既忧之，咎不长也。

至临无咎，位当也。

大君之宜，行中之谓也。

敦临之吉，志在内也。

注释

①教思无穷：教化思虑无穷尽。教：教化。思：思虑。

②容保民无疆：容纳保护万民。容：容纳。保民：保护民众。无疆：无穷。

译文

《象传》说：水泽上有大地，象征监临。君子效此教化思虑而无穷尽，容纳保护万民。

以感化之心治民，守正吉祥，因为志向施行端正。

以感化之心治民，吉祥，无不宜，因为不仅顺应天命。

巧言佞语治民，因为处位不适当。知此而心怀忧患，灾害就不会长久。

极为亲近地治民，无有灾害，因为处位适当。

君王所宜，吉祥，因为行动合宜适中。

敦厚治民而吉祥，因为志向在内部。

临卦是《周易》六十四卦中的第十九卦，卦形是上卦坤、下卦兑。临卦阐明的是监临的道理，重在揭示上统治下、尊统治卑。临卦卦辞以“元亨，利贞”赞美监临之道，又以“至于八月有凶”为喻，阐发盛极必衰的训诫，以期监临人者预防盈满，长久临众。

临卦六爻中，两阳处下，呈现刚健之德浸长的情状，能感应于尊者以施监临，所以守正可以吉祥，吉祥，无不宜。四阴爻皆居上临下，并且情状各异，其中，六三爻以巧言佞语临人，所以事无所宜；六四爻极为亲近地临人，所以没有灾害；六五爻以君王之明智临人，所以获得吉祥；上六爻以温柔敦厚临人，所以获得吉祥而灾害。综观临卦六爻的含义，可以看出临卦的两方面旨意，首先是临人不仅需要根据不同的地位、条件采取不同的方式，还需要在下者以阳刚美质感应于上，居上者以柔顺美质施惠于下。其次是凡处临人之时，善居其位，必然多吉，所以六爻均不言凶，六三爻虽然无所宜，但若能自惧改过，仍然能够没有灾害。由此可见，临卦的核心思想是为临人、治人者着想。至于《象传》所谓“教思无穷，容保民无疆”的蕴意，则表现了临人者在治理同时重视教育的作用。

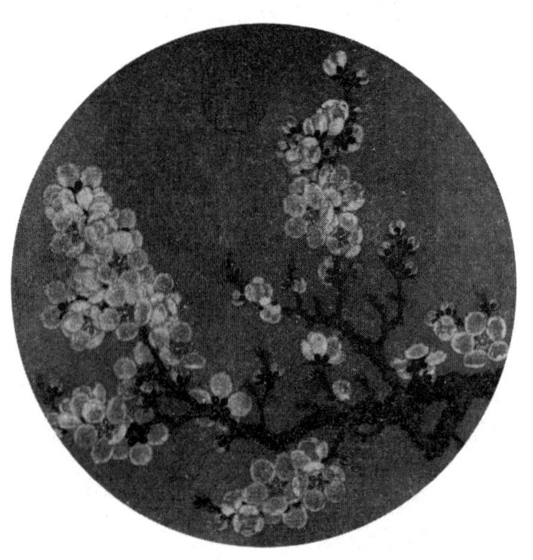

第二十卦　观䷓

经文

观[①]，盥而不荐[②]，有孚颙若[③]。

初六，童观[④]，小人无咎，君子吝。

六二，窥观[⑤]，利女贞。

六三，观我生[⑥]，进退。

六四，观国之光[⑦]，利用宾于王[⑧]。

九五，观我生，君子无咎。

上九，观其生[⑨]，君子无咎。

注释

①观：观瞻，观察。

②盥而不荐：洗手自洁而不祭献。盥：读guàn，古人祭祀前洗手的一道礼仪程序。荐：祭献，祭祀。

③有孚颙若：心中充满诚信庄严之情。颙：读yóng，庄严，恭敬。若：语助词。

④童观：幼稚地观看。童：孩童，引申为幼稚。

⑤窥观：暗中观察。窥：从门缝中。

⑥观我生：观察自己。

⑦观国之光：观察国家盛况。光：光辉，光明。

⑧用宾于王：成为君王嘉宾。宾：嘉宾，宾客，引申为为君王效力。

⑨观其生：观察他人。

译文

观卦象征观瞻，洗手自洁而不祭献，心中已经充满诚信庄严之情。

初六，幼稚地观察，小人没有灾害，君子将有悔恨。

六二，暗中观察，宜女子守正。

六三，观察自己，随时进退。

六四，观察国家盛况，宜成为君王嘉宾。

九五，观察自己，君子没有灾害。

上九，观察他人，君子没有灾害。

传文

《彖》曰：大观在上，顺而巽，中正以观天下。观，盥而不荐，有孚颙若，下观而化也。观天之神道，而四时不忒①。圣人以神道设教②，而天下服矣。

注释

①四时不忒：四季运转没有差错。忒：差错。

②神道设教：用神妙的规律来实施教化。神道：神妙的规律。设教：实施教化。

译文

《彖传》说：宏大的气象在上被观瞻，顺从逊顺，居中正位而被天下万民观瞻。观瞻时，洗手自洁而不祭献，心中已经充满诚信庄严之情，因为下阴通过观瞻而受到感化。观瞻天的神妙规律，四季运转没有差错。圣人用神妙的规律来实施教化，于是天下万民归服。

《象》曰：风行地上，观。先王以省方[①]观民设教[②]。

初六童观，小人道也。

闚观女贞，亦可丑也。

观我生进退，未失道也。

观国之光，尚宾也。

观我生，观民也。

观其生，志未平也。

注释

①省方：省察四方。省：读xǐng，省察，巡查。

②观民设教：观察民情，布设教化。观民：观察民情。

译文

《象传》说：风吹行在地上，象征观瞻。先王效此省察四方，观察民情，布设教化。

初六爻幼稚地观察，因为是小人之道。

暗中观察，女子守正，也可为羞愧。

观察自己，随时进退，因为没有失去道理。

观察国家盛况，因为崇尚嘉宾。

观察自己，因为观察民情而反省自己。

观察他人，因为志向没有平和。

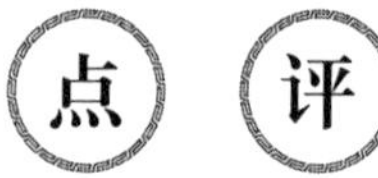

观卦是《周易》六十四卦中的第二十卦，卦形是上卦巽、下卦坤。六爻的阴阳布置和临卦上下相反相对。观卦阐明的是观瞻的道理，卦辞取观瞻祭礼为喻，说明在观瞻祭礼初始时的盛况后，即使不观往后的细节，心中的信敬之情也已油然萌生了。观卦六爻中，四阴爻主于自下观上，初六爻、六二爻离九五阳刚最远，所以或如是幼稚地观看，或是从门缝中暗中观察，都不能够尽获大观之美，六三爻接近上卦，能够观瞻美德以自省察，所以未失其道，六四爻亲比九五，犹如亲临观光国家盛治，为尽见大观的象征。而五九爻、上九爻两阳，主于自上观下，既具阳刚美德让人观仰，又需自观其道、修美德行，所以两者均发“君子无咎”的意旨。可见，观卦阴阳上下所寓含的意义是有所区别的。此外，观卦揭示的观瞻道理，还体现了观民风可以正君道的思想，这从九五、上九两爻观民自省，其志未平的表达中不难看出。

第二十一卦　噬嗑䷔

经文

噬嗑[1]，亨，利用狱[2]。

初九，屦校灭趾[3]，无咎。

六二，噬肤[4]，灭鼻，无咎。

六三，噬腊肉[5]，遇毒[6]。小吝，无咎。

九四，噬干胏[7]，得金矢[8]，利艰贞，吉。

六五，噬干肉，得黄金，贞厉，无咎。

上九，何校[9]灭耳，凶。

注释

①噬嗑：读shì hé，咬合，用牙齿咬为“噬”，闭口为“嗑”，引申为刑罚。

②用狱：施用刑罚，处理刑罚之事。

③屦校灭趾：刑具隐没了脚趾。屦：读jù，脚。校：读jiào，枷琐，刑具。灭：遮没，隐没。

④噬肤：吃肉隐没了鼻子。噬：吃。肤：柔软的肉。

⑤噬腊肉：吃干肉中毒。

⑥遇毒：中毒。

⑦噬干胏：吃带骨的肉。胏：读zǐ，带骨的干肉。

⑧得金矢：得到箭头。金：金属，古人一般指铜。矢：箭头。

⑨何校：戴刑具。何：读hè，负荷，戴。

译文

噬嗑卦象征咬合，亨通，宜施用刑罚。

初九，刑具隐没了脚趾，没有灾害。

六二，吃肉隐没了鼻子，没有灾害。

六三，吃干肉中毒。略有悔恨，没有灾害。

九四，吃带骨的肉，得到箭头，宜谨记艰难，守正，吉祥。

六五，吃硬肉，遇到黄铜，守正以防凶险，没有灾害。

上九，刑具隐没了耳朵，有凶险。

传文

《彖》曰：颐中有物，曰噬嗑。噬嗑而亨，刚柔分，动而明，雷电合而章[①]。柔得中而上行，虽不当位，利用狱也。

注释

①合而章：相合而彰明。章：彰明。

译文

《彖传》说：口腔含食物，称为噬嗑。咬合而亨通，阳刚阴柔分布内外，行动而发出光明，雷电相合而彰明。阴柔居中而向上行，尽管处位不当，但宜施用刑罚。

《象》曰：雷电，噬嗑。先王以明罚敕法a。

屦校灭趾，不行也。

噬肤灭鼻，乘刚也。

遇毒，位不当也。

利艰贞吉，未光也。

贞厉无咎，得当也。

何校灭耳，聪不明[②]也。

注释

①明罚敕法：严明刑罚肃正法律。明罚：严明刑罚。敕：读chì，肃正。

②聪不明：不聪明，不明智。

译文

《象传》说：电闪雷鸣，象征咬合。先王效此严明刑罚肃正法律。

刑具隐没了脚趾，因为无法行动。

吃肉隐没了鼻子，因为阴柔乘凌阳刚。

中毒，因为处位不适当。

宜谨记艰难，守正，吉祥，因为德行还未光大。

守正以防凶险，没有灾害，因为处位适当。

刑具隐没了耳朵，因为不够明智。

噬嗑卦是《周易》六十四卦中的第二十一卦，卦形是上卦离、下卦震。噬嗑卦以牙齿咬合食物为喻，阐发施用刑法之义。卦辞所谓“亨，利用狱”，已经明示顺从正确规律治理刑狱可致亨通的旨意。噬嗑卦六爻中，以初九爻、上九爻两阳比喻触刑受罚，前者属于初犯，改正尚能无灾害，后者积罪深重致有凶险，均蕴含深戒，六二爻至六五爻，以四爻比喻施刑于人，其中六二爻以柔乘刚，六三爻、六五爻阴处阳位，九四爻阳处阴位，均流露出刚柔相济的治狱之道。四爻处位高低有别，显示治狱过程吉凶悔吝的不同情状，表明《周易》作者深知治狱之艰难。噬嗑卦中，最能够体现全卦旨意的，当数柔中居尊的六五爻，表示治狱之主用刑期于无刑，治狱刚正严明。《象传》所谓“明罚敕法”，说的就是这层含义。

第二十二卦　贲䷕

经文

贲[①]，亨，小利有攸往。

初九，贲其趾[②]，舍车而徒[③]。

六二，贲其须。

九三，贲如[④]，濡如[⑤]，永贞吉。

六四，贲如，皤如[⑥]，白马翰如[⑦]，匪寇，婚媾。

六五，贲于丘园[⑧]，束帛戋戋[⑨]。吝，终吉。

上九，白贲[⑩]，无咎。

注释

①贲：读bì，文饰。

②贲其趾：文饰脚趾。

③舍车而徒：弃车徒步行走。徒：徒步。

④贲如：文饰华丽的样子。如：语助词。

⑤濡如：光彩润泽的样子。濡：读rú，润泽。

⑥皤如：纯洁素白的样子。皤：读pó，纯洁素白。

⑦翰如：纯净无瑕的样子。

⑧丘园：山丘园圃。

⑨束帛戋戋：微薄的布帛。束帛：几束丝帛，说明数量微少。戋戋：数量少的样子。

⑩白贲：朴实的文饰。白：素白，朴实。

译文

贲卦象征文饰，亨通，柔小者宜有所前往。

初九，文饰脚趾，弃车徒步行走。

六二，文饰面须。

九三，文饰华丽，光彩润泽，永远守正吉祥。

六四，文饰淡雅，纯洁素白，骑的白马纯净无瑕，不是贼寇，而是前来求取婚配。

六五，文饰山丘园圃，只有微薄的布帛。有悔恨，终会吉祥。

上九，朴实的文饰，没有灾害。

传文

《彖》曰：贲，亨，柔来而文刚，故亨。分刚上而文柔，故小利有攸往。天文①也，文明以止②，人文③也。观乎天文，以察时变。观乎人文，以化成天下④。

注释

①天文：天的文彩，指日月星辰、阴阳变化。

②文明以止：文彩彰明而止于礼义。文明：文彩彰明。

③人文：人的文采，指礼义。

④化成天下：推行教化成就天下。成：成就。

译文

《彖传》说：文饰，亨通，阴柔前来文饰阳刚，所以亨通。分出阳刚上行文饰阴柔，所以柔小者宜有所前往。天的文饰，文彩彰明而止于礼义，这是人的文饰。观瞻天的文饰，可以察知时节变化。观瞻人的文饰，可以推行教化成就天下。

《象》曰：山下有火，贲。君子以明庶政[①]，无敢折狱[②]。

舍车而徒，义弗乘也。

贲其须，与上兴也。

永贞之吉，终莫之陵[③]也。

六四当位，疑也。匪寇婚媾，终无尤也。

六五之吉，有喜也。

白贲无咎，上得志也。

注释

①庶政：繁多的政务。

②折狱：轻易判断讼狱。

③终莫之陵：始终不会受到凌侮。陵：凌侮。

译文

《象传》说：山下有火焰，象征文饰。君子效此明察繁多的政务，不敢轻易判断讼狱。

弃车徒步行走，因为含义就是不应乘坐。

文饰面须，因为与上兴起互相文饰。

永远守正吉祥，因为始终不会受到凌侮。

六四爻处位适当，但有疑虑。不是贼寇，而是前来求取婚配，终会没有幽怨。

六五爻吉祥，因为有喜事。

朴实的文饰，没有灾害，因为在上志向得到施行。

点评

贲卦是《周易》六十四卦中的第二十二卦，卦形是上卦艮、下卦离。六爻的阴阳布置和噬嗑卦上下相反相对。贲卦阐明文饰的道理，贲卦卦辞称事物文饰可致亨通，并特别指出柔小者一经适当的文饰必有利于增显美善。贲卦六爻在阴阳交错相杂中呈现互相文饰之象，其中初九爻与六四爻相应，互相文饰，六二爻与九三爻相应并且相比，六五爻与上九爻相应并且相比，呈现互相文饰之象。贲卦六爻互相文饰，并非无条件地广泛文饰，而是主张恰如其分的文饰，崇尚朴素自然的文饰。初九爻“舍车”指的是不尚华饰，六四爻“白马”向往淡美，两者分处上下卦的初始，初步显见“贲”道，六二爻“贲须”志在承阳，九三爻“贲如，濡如”指永守正固，两者都在内卦，以顺应为美。六五爻饰于丘园，但求简朴，上九爻饰终而返归朴素，两者都在外卦，以质素自然为美。由此可见，贲卦旨意主要在于刚柔相杂成文，文饰不尚华艳。

第二十三卦　剥䷖

经文

剥[①]，不利有攸往。

初六，剥床以足[②]，蔑[③]，贞凶。

六二，剥床以辨[④]，蔑，贞凶。

六三，剥，无咎。

六四，剥床以肤[⑤]，凶。

六五，贯鱼[⑥]以宫人宠，无不利。

上九，硕果[⑦]不食，君子得舆[⑧]，小人剥庐[⑨]。

注释

①剥：剥蚀。

②剥床以足：剥蚀床先及床脚。

③蔑：灭，蚀灭。

④剥床以辨：剥蚀床已及床头。辨：床头。

⑤剥床以肤：剥蚀床已及床面。肤：床面。

⑥贯鱼：贯串起来的鱼，古人用绳将鱼依次连串起来。

⑦硕果：丰硕的果实。

⑧得舆：得到车舆。

⑨剥庐：剥蚀屋舍。庐：屋舍。

译文

剥卦象征剥蚀，不宜有所前往。

初六，剥蚀床先及床脚，床脚遭蚀减，守正以防凶险。

六二，剥蚀床已及床头，床头遭蚀减，守正以防凶险。

六三，剥蚀，无有灾害。

六四，剥蚀床已及床面，有凶险。

六五，宫中人像贯串起来的鱼一样依次受宠，无不宜。

上九，有丰硕果实而不采食，君子会得到车舆，小人会剥蚀屋舍。

传文

《彖》曰：剥，剥也，柔变刚也。不利有攸往，小人长也。顺而止之，观象也。君子尚消息盈虚①，天行也。

注释

①消息盈虚：阴阳消长盈缩。

译文

《彖传》说：剥，是剥蚀的意思，阴柔剥蚀变为阳刚。不宜有所前往，因为小人势力增长。顺应而有所制止，这是观察卦象获知的。君子崇尚阴阳消长盈缩之理，这是天道运行的规律。

《象》曰：山附于地，剥。上以厚下安宅①。

剥床以足，以灭下也。

剥床以辨，未有与也。

剥之无咎，失上下也。

剥床以肤，切近灾也。

以宫人宠，终无尤也。

君子得舆，民所载也。小人剥庐，终不可用也。

注释

①厚下安宅：厚施使民安居。厚下：厚施于民。下：在下的民众。安宅：安居。

译文

《象传》说：山附着在地上，象征剥蚀。居上者效此厚施使民安居。

剥蚀床先及床脚，因为先剥蚀下部。

剥蚀床已及床头，因为没有应助。

剥蚀，无有灾害，因为失去上下亲近。

剥蚀床已及床面，因为迫近灾害。

宫中人像贯串起来的鱼一样依次受宠，因为始终不会有幽怨。

君子会得到车舆，因为有万民承载。小人会剥蚀屋舍，因为终不可任用。

剥卦是《周易》六十四卦中的第二十三卦，卦形是上卦艮、下卦坤。剥卦喻示事物发展过程中阳刚被阴柔逐渐剥落的情状。剥卦的旨意是阐发善处剥落之道，揭示剥极必复、顺势止剥的道理。剥卦卦辞所谓“不利有攸往”，就是诫人谨慎居守，把握转剥复阳之机。剥卦六爻当中，五阴爻居下，一阳爻处上，说明事物被逐渐剥落的过程，以及处剥转剥的道理。初六爻剥及床足；六二爻剥及床头，尚未致危，均戒以守正防凶；六四爻剥至床面，床即将败坏，故有凶险。其余两阴爻虽然也处在事物剥落之时，但都孕育着转剥复阳的期望，因此，六三爻能够无灾害，六五爻无不宜。上九爻是极处剥卦终点的唯一阳爻，代表事物剥而不尽，终将恢复。

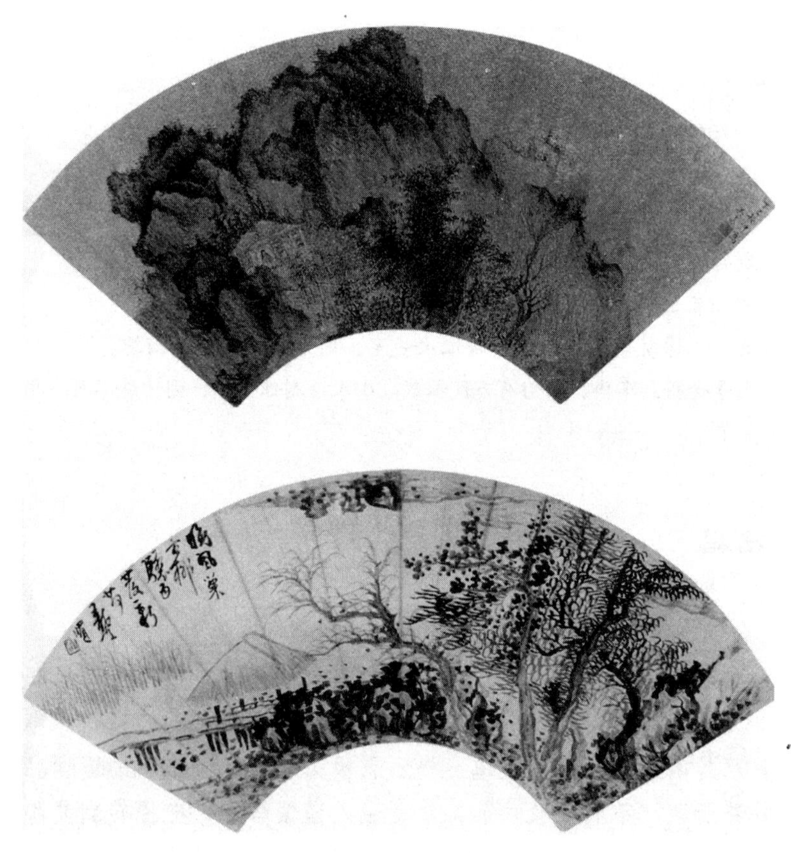

第二十四卦　复䷗

经文

复[①]，亨。出入无疾[②]，朋来无咎。反复其道[③]，七日来复[④]。利有攸往。

初九，不远复[⑤]，无祇悔[⑥]，元吉。

六二，休复[⑦]，吉。

六三，频复[⑧]，厉无咎。

六四，中行独复[⑨]。

六五，敦复[⑩]，无悔。

上六，迷复[⑪]，凶，有灾眚[⑫]。用行师，终有大败。以其国，君凶。至于十年不克征。

注释

①复：回复，复返。

②出入无疾：出入没有疾病。

③反复其道：返回天道。反：返回。道：天道。

④七日来复：经过七天后再次返回。

⑤不远复：不走远就返回。

⑥无祇悔：没有大的悔恨。祇：读qí，大的。

⑦休复：中止错误返回。休：休止，中止。

⑧频复：忧郁地返回。频：读pín，忧郁。

⑨中行独复：持中守正独自返回。中行：行走在道路中间，引申为持中

守正。独：独自。

⑩敦复：敦厚地返回。敦：敦厚。

⑪迷复：误入迷途返回。迷：迷途，进入迷途。

⑫灾眚：灾害。

译文

复卦象征回复，亨通。出入没有疾病，朋友前来没有灾害。返回天道，经七天再次返回。宜有所前往。

初九，未走远就返回，没有大的悔恨，初始吉祥。

六二，中止错误而返回，吉祥。

六三，忧郁返回，有凶险，没有灾害。

六四，持中守正独自返回。

六五，敦厚地返回，没有悔恨。

上六，误入迷途才返回，有凶险，有灾害。用以兴兵，终会失败。用以治国，国君有凶险。直到十年还不能征伐。

传文

《彖》曰：复亨，刚反。动而以顺行，是以出入无疾，朋来无咎。反复其道，七日来复，天行也。利有攸往，刚长也。复，其见天地之心[1]乎？

注释

①天地之心：天地运行的用心。

译文

《彖传》说：回复亨通，阳刚复返。动则顺应而行，所以出入没有疾病，朋友前来没有灾害。返回天道，经七天再次返回，这是天道运行的规律。宜有所前往，因为阳刚势力增长。复卦，大概体现了天地运行的用心吧？

《象》曰：雷在地中，复。先王以至日闭关，商旅不行，后不省方①。

不远之复，以修身也。

休复之吉，以下仁也。

频复之厉，义无咎也。

中行独复，以从道也。

敦复无悔，中以自考②也。

迷复之凶，反君道也。

注释

①后不省方：君王不外出省察四方。后：君王。省：省察。

②自考：自省。

译文

《象传》说：雷声在地中振动，象征回复。先王效此在冬至日关闭城关，商旅不外出行动，君王不外出省察四方。

未走远就返回，因为以此修养自身德行。

中止错误而返回的吉祥，因为屈下亲近仁人。

忧郁返回的凶险，因为含义没有灾害。

持中守正独自返回，因为顺从回复之道。

敦厚地返回，没有悔恨，因为适中自省。

误入迷途才返回的凶险，因为违背君王之道。

复卦是《周易》六十四卦中的第二十四卦，卦形是上卦坤、下卦震。六爻的阴阳布置和剥卦上下相反相对。复卦喻示事物正气回复，生机更发的情状。复卦旨意在于事物剥落不尽，阳刚终将回复，揭示正道复兴是不可抗拒的自然规律。复卦卦辞极力称述阳刚回复之际顺畅无碍，疾速利物，表明复必致亨通的道理。复卦六爻当中，初九爻为全卦回复的根本，五阴爻中凡与初九阳爻相得者均获得吉祥，六二爻比于初九爻，六四爻有应于初九爻，其余三阴爻与初九爻未曾相得，但六三爻处阳位，能勉力回复而无灾害，六五爻居尊位，能敦厚回复而无所悔恨，唯独上六爻与初九阳爻背道而驰，迷不知复，所以终致灾凶。

第二十五卦　无妄䷘

经文

无妄[1]，元亨，利贞。其匪正有眚[2]，不利有攸往。

初九，无妄，往吉。

六二，不耕获[3]，不菑畬[4]，则利用攸往。

六三，无妄之灾，或系之牛，行人之得，邑人之灾。

九四，可贞，无咎。

九五，无妄之疾，勿药[5]有喜。

上九，无妄，行有眚，无攸利。

注释

①无妄：不妄为。

②其匪正有眚：不守贞正就有灾害。匪：不。正：贞正。眚：灾害。

③不耕获：不耕耘而有收获。耕：耕耘。

④不菑畬：不垦荒而有良田。菑：读zī，荒田，开垦荒田。畬：读yú，良田，熟田。

⑤勿药：不用药。

译文

无妄卦象征不妄为，初始亨通，宜守正。不守贞正则有灾害，不宜有所前往。

初九，不妄为，前往吉祥。

六二，不耕耘而有收获，不垦荒而有良田，宜有所前往。

六三，不妄为而遭遇的灾害，像有人拴着一头牛，被路人顺手牵走，这是乡人的灾害。

九四，能够守正，没有灾害。

九五，不妄为而染病，不用药就痊愈。

上九，不妄为，前往有灾害，无所宜。

传文

《象》曰：无妄，刚自外来而为主于内，动而健，刚中而应，大亨以正，天之命也。其匪正有眚，不利有攸往。无妄之往，何之[1]矣？天命不祐，行矣哉。

注释

①何之：去何处。之：去。

译文

《彖传》说：无妄卦，阳刚从外部到来成为内部之主，行动刚健，阳刚居中而有应和，大亨通因为守正，这是天命。不守贞正则有灾害，不宜有所前往。不妄为的时候妄为前往，可去往哪里？天命不保佑，怎敢行动。

《象》曰：天下雷行，物与无妄[1]。先王以茂对时育万物[2]。

无妄之往，得志也。

不耕获，未富也。

行人得牛，邑人灾也。

可贞无咎，固有之也。

无妄之药，不可试也。

无妄之行，穷之灾也。

注释

①物与无妄：万物不妄为。与：语助词。

②茂对时育万物：勤勉顺应天时养育万物。茂：茂盛，引申为勤奋。对时：顺应天时。育：养育。

译文

《象传》说：天下雷声振动，象征万物不妄为。先王效此勤勉顺应天时养育万物。

不妄为而前往，因为志向会得到施行。

不耕耘而有收获，不会富有。

行人获得牛，是乡人的灾害。

能够守正，没有灾害，固守便可以没有灾害。

不妄为而染病的药物，不可轻易试用。

不妄为的行动，穷尽时会有灾难。

无妄卦是《周易》六十四卦中的第二十五卦，卦形是上卦乾、下卦震。无妄卦的旨意是处事不妄为。无妄卦辞从正反面揭示处事不妄为的旨意，先称万物无妄之时必然至为亨通，宜守正，再戒违背正道将遭祸患，动辄遇险。无妄卦六爻的情状都呈现不妄为

的象，但是，其中吉凶悔吝各不相同，初九爻初始不妄为，往无不吉，六二爻不贪婪、不妄为，安顺而无灾害，六三爻不妄为，却飞来横灾，九四爻以刚守谦，不妄为而无灾害，九五爻不妄为而得疾，不治自愈，上九爻不妄自守，欲行却有祸。无妄卦的吉凶悔吝说明欲长保无妄，免除灾害，必须审时度势、守持贞正。

第二十六卦　大畜☰

经文

大畜①，利贞，不家食②吉，利涉大川。

初九，有厉，利已③。

九二，舆说輹④。

九三，良马逐⑤，利艰贞，曰闲舆卫⑥，利有攸往。

六四，童牛之牿⑦，元吉。

六五，豮豕之牙⑧，吉。

上九，何天之衢⑨，亨。

注释

①大畜：大为畜聚。畜：读xù，畜聚。

②不家食：不在自家谋求食物，引申为为人效力。

③利已：宜停止。已：停止。

④舆说輹：车卸去轮輹。说：读tuō，脱，脱落。輹：读fù，轮輹。

⑤良马逐：骏马奔驰。逐：驰逐，奔驰。

⑥闲舆卫：练习车马防卫的技能。闲：练习。舆：车，驾车。卫：防卫。

⑦童牛之牿：束缚在小牛头上的横木。童牛：小牛。牿：读gù，枷琐，横木。

⑧豮豕之牙：去势猪的牙。豮：读fén，被阉割的猪。豕：读shǐ，猪。

⑨天之衢：天道畅达。衢：通途，通衢大道。

译文

大畜卦象征大为畜聚，宜守正，不在自家谋求食物，吉祥，宜渡河。

初九，有凶险，宜停止。

九二，车卸去轮輹。

九三，骏马奔驰，宜谨记艰难，守正。练习车马防卫技能，宜有所前往。

六四，束缚在小牛头上的横木，初始吉祥。

六五，去势猪的牙，吉祥。

上九，天道畅达，亨通。

传文

《彖》曰：大畜，刚健笃实，辉光[①]日新[②]其德。刚上而尚贤，能止健，大正也。不家食吉，养贤也。利涉大川，应乎天也。

注释

①辉光：光辉焕发。

②日新：日日增新德行。

译文

《彖传》说：大为畜聚，阳刚坚实，光辉焕发日日增新德行。阳刚在上而崇尚贤人，能制止刚健，因为宏大守正。不在自家谋求食物，吉祥，因为尊养贤人。宜渡河，因为顺应天道。

《象》曰：天在山中，大畜。君子以多识前言往行，以畜其德。

有厉利已，不犯灾也。

舆说輹，中无尤也。

利有攸往，上合志也。

六四元吉，有喜也。

六五之吉，有庆也。

何天之衢，道大行也。

译文

《象传》说：天包含在山中，象征大为畜聚。君子效此广泛学习前贤的言行，畜聚自己的品德。

有凶险，宜停止，因为不可往灾害行动。

车卸去轮輹，因为合宜适中而没有幽怨。

宜有所前往，因为与上者志向相通。

六四爻大吉祥，因为有喜庆。

六五爻的吉祥，因为有吉庆。

天道畅达，畜聚之道大为推行。

点评

大畜卦是《周易》六十四卦中的第二十六卦，卦形是上卦艮、下卦乾。六爻的阴阳布置和无妄卦上下相反相对。大畜卦所谓大为畜聚，表明事物发展过程中必须畜聚阳刚正气，如君子广畜美德，君王遍聚贤人，于是卦辞强调守正、养贤，指出畜聚阳刚是大畜卦的关键所在。大畜卦六爻当中，初九爻、九二爻为阳刚被畜之象，先自畜其德，不宜妄为躁动；九二爻大车不行则无尤；六四爻、六五爻为尊者畜下之象，制约阳刚，使所畜尽善尽美，上下卦终极两爻，都为畜德至盛之象，不存畜与被畜的关系，故九三爻如良马奔逐，上九爻如置身天衢，畅达亨通。由此可见，大畜卦的旨意是初九爻、九二爻、六四爻、六五爻揭示善处大畜之道，九三爻、上九爻展现大畜的美盛结果，尤其上九爻是大畜最为完美的象征。

第二十七卦　颐䷚

经文

颐[①]：贞吉。观颐[②]，自求口实[③]。

初九，舍尔灵龟[④]，观我朵颐[⑤]，凶。

六二，颠颐[⑥]，拂经[⑦]，于丘[⑧]颐。征凶。

六三，拂颐。贞凶，十年勿用，无攸利。

六四，颠颐，吉。虎视眈眈[⑨]，其欲逐逐[⑩]，无咎。

六五，拂经，居贞吉，不可涉大川。

上九，由颐[⑪]，厉吉，利涉大川。

注释

①颐：腮部，引申为颐养。

②观颐：观察腮部。

③自求口实：自己谋求食物。

④舍尔灵龟：舍弃你的美好品质。舍：舍弃。尔：你。灵龟：比喻美好的品质。

⑤朵颐：两腮隆起，指正在嚼食。

⑥颠颐：两腮颠摇。

⑦拂经：击打胫部。拂：击打。经：胫部。

⑧丘：背部。

⑨虎视眈眈：老虎威猛盯视。

⑩其欲逐逐：食欲接连不绝。逐逐：接连不绝。

⑪由颐：依赖他颐养。

译文

颐卦象征颐养：守正吉祥。观察腮部，知道可以自己谋求食物。

初九，舍弃你的美好品质，观看我嚼食，有凶险。

六二，两腮颠摇，击打胫背。前往有凶险。

六三，击打腮部。守正以防凶险，十年不有所前往，无所宜。

六四，两腮颠摇，吉祥。老虎威猛盯视，食欲接连不绝，没有灾害。

六五，击打腮部，安居守正吉祥，不可渡河。

上九，依赖他颐养，防凶险吉祥，宜渡河。

传文

《彖》曰：颐，贞吉，养正则吉也。观颐，观其所养也。自求口实，观其自养也。天地养万物，圣人养贤以及万民。颐之时大矣哉。

译文

《彖传》说：颐养，守正吉祥，颐养端正的德行就吉祥。观察腮部，是观察领悟养育的条件。知道可以自己谋求食物，是观察领悟自己的谋生方法。天地养育万物，圣人养育贤人以及天下万民。颐卦的意义多么宏大。

《象》曰：山下有雷，颐。君子以慎言语，节饮食。

观我朵颐，亦不足贵也。

六二征凶，行失类也。

十年勿用，道大悖也。

颠颐之吉，上施光也。

居贞之吉，顺以从上也。

由颐厉吉，大有庆也。

译文

《象传》说：山下有雷声振动，象征颐养。君子效此谨慎言语，节制饮食。

观看我嚼食，不值得尊贵。

六二爻前往有凶险，因为行动会失去同类。

十年不有所前往，因为十分违背。

两腮颠摇的吉祥，因为居上施行光辉的德行。

安居守正的吉祥，因为顺从上者。

依赖他颐养，防凶险吉祥，因为大有吉庆。

颐卦是《周易》六十四卦中的第二十七卦，卦形是上卦艮、下卦震。颐卦虽然阐发颐养之义，但是，颐卦卦辞开篇即诫守正则吉。颐卦所揭明的养正意义，基本宗旨体现在两方面，首先是自养之道当根本于德行，不可弃德求欲，其次是养人之道当出于公，必须养德及物。颐卦六爻的旨意，下三爻都是自养不得其道，因此初九爻又凶，六二爻征凶，六三爻无攸利，上三爻都说明努力养人，所以六四爻有吉，六五爻居贞吉，上九爻有吉。由此可见，颐卦六爻的旨意是赞美养人、养贤、养天下的颐养盛德。

第二十八卦 大过䷛

经文

大过[1]：栋桡[2]。利有攸往，亨。

初六，藉用白茅[3]，无咎。

九二，枯杨生稊[4]，老夫得其女妻[5]，无不利。

九三，栋桡，凶。

九四，栋隆[6]，吉。有它，吝。

九五，枯杨生华[7]，老妇得其士夫[8]，无咎无誉。

上六，过涉灭顶[9]，凶。无咎。

注释

①大过：大为过失。过：过失。

②栋桡：房屋栋梁弯曲。桡：读ráo，弯曲的木。

③藉用白茅：用洁白茅草铺地。藉：铺垫。茅：茅草。

④枯杨生稊：枯萎的杨树生出新芽。稊：读tí，新芽。

⑤女妻：年轻的妻子。

⑥栋隆：栋梁弯曲处重新隆起。

⑦枯杨生华：枯萎的杨树开花。

⑧士夫：少夫，少壮的男子。

⑨过涉灭顶：淌水淹没头顶。涉：淌水。

译文

大过卦象征大为过失：栋梁弯曲。宜有所前往，亨通。

初六，用洁白茅草铺地，没有灾害。

九二，枯萎的杨树生出新芽，老夫娶了少妻，无不宜。

九三，栋梁弯曲，有凶险。

九四，栋梁弯曲处重新隆起，吉祥。要是有应它方，有悔恨。

九五，枯萎的杨树开花，老妇嫁了少夫，没有灾害，没有赞誉。

上六，淌水淹没头顶，有凶险。没有灾害。

传文

《彖》曰：大过，大者过也。栋桡，本末弱也。刚过而中，巽而说行，利有攸往，乃亨。大过之时大矣哉。

译文

《彖传》说：大过，是刚大过甚的意思。栋梁弯曲，因为首尾都柔弱。阳刚强盛而处中，逊顺喜悦而行动，宜有所前往，于是亨通。大过卦的意义多么宏大。

《象》曰：泽灭木，大过。君子以独立不惧，遯世无闷。

藉用白茅，柔在下也。

老夫女妻，过以相与也[1]。

栋桡之凶，不可以有辅也。

栋隆之吉，不桡乎下也。

枯杨生华，何可久也？老妇士夫，亦可丑也。

过涉之凶，不可咎也。

注释

①过以相与：过甚而能互相亲近。过：过甚。相与：互相亲近。

译文

《象传》说：泽水淹没树木，象征大为过失。君子效此独立而不畏惧，隐退而不忧闷。

用洁白茅草铺地，因为阴柔在下。

老夫娶了少妻，因为阳刚过甚而能互相亲近。

栋梁弯曲的凶险，因为不可辅助。

栋梁弯曲处重新隆起的吉祥，因为不再往下弯曲。

枯萎的杨树开花，怎么会长久？老妇少夫，也可为羞愧。

淌水淹没头顶的凶险，不可作为灾害。

点评

大过卦是《周易》六十四卦中的第二十八卦，卦形是上卦兑、下卦巽。六爻的阴阳布置和颐卦完全相反。大过卦揭示大为过甚的道理。大过卦辞先取栋梁曲折为喻，表明阳刚大过，阴柔不胜其势，指出此时亟待大过人之举奋力拯救，才可以调济阴阳，走向亨通。大过卦六爻分别说明善处大过的道理，其中全卦上下两阴爻以刚济柔，中间四阳以柔济刚，如此互济，就能补救大过之弊，成就调和之功。大过卦各爻所处的时点不同，导致吉凶有别，初六爻、九二爻善于互调刚柔，所以初六爻无咎，九二爻无不利，九五爻、上六爻相比，但是阴阳悬殊大甚，虽竭力调济，终难完满成功，所以九五爻无咎无誉、上六爻凶无咎，唯九三爻、九四爻两阳最远两阴，应当自损阳刚、静居顺调，但九三爻违逆此道导致凶险，九四爻遵循此道所以获吉。由此可见，拯治大过的根本原则是刚柔相济，力求平衡，当然，在拯治过程中，大过人的举动又是至为关键的，大过卦中所谓枯杨生芽开花，老夫、老妇得配少妻，壮夫等象，即含非同寻常之义。

第二十九卦　坎䷜

经文

习坎[①]，有孚，维心亨，行有尚。

初六，习坎，入于坎窞[②]，凶。

九二，坎有险，求小得。

六三，来之坎坎，险且枕[③]，入于坎窞，勿用。

六四，樽酒[④]，簋贰[⑤]，用缶，纳约自牖[⑥]，终无咎。

九五，坎不盈，祗既平[⑦]，无咎。

上六，系用徽纆[⑧]，寘于丛棘[⑨]，三岁不得[⑩]，凶。

注释

①习坎：重重险陷。习：重复。坎：险陷。

②窞：读dàn，坑穴。

③险且枕：险陷难安。枕：安。

④樽酒：一樽酒。樽：读zūn，一种酒器。

⑤簋贰：两簋食。簋：读guǐ，一种盛器。

⑥纳约自牖：通过窗户进献结好。纳约：进献结好。牖：读yǒu，窗户。

⑦祗既平：小丘被铲平。祗：读zhì，坻，山丘。

⑧系用徽纆：用黑色绳索绑缚。系：绑缚。徽：黑色。纆：读mò，绳索。

⑨寘于丛棘：囚置在荆棘丛中。寘：读zhì，安置，囚置。丛棘：荆棘丛。

⑩三岁不得：多年不得解脱。得：得到解脱。

译文

重重险陷，心怀诚信，内心亨通，前往有嘉赏。

初六，重重险陷，落入坑穴，有凶险。

九二，在坑穴中，有凶险，谋求微小的获得。

六三，来去都有重重险陷，险陷难安，落入坎穴深处，不要前往。

六四，一樽酒，两簋食，用缶盛放，通过窗户进献结好，终会没有灾害。

九五，坎穴没有填满，小丘被铲平，没有灾害。

上六，用黑色绳索绑缚，囚置在荆棘丛中，多年不得解脱，有凶险。

传文

《彖》曰：习坎，重险也，水流而不盈。行险而不失其信，维心亨，乃以刚中也。行有尚，往有功也。天险不可升也，地险山川山陵也，王公设险①以守其国。险之时用大矣哉。

注释

①设险：设置险阻。

译文

《彖传》说：习坎，是重重险陷的意思，水流动而不盈溢。行走在险境而不失诚信，内心亨通，因为阳刚居中。前往有嘉赏，因为前往可获得成功。天险不可登越，地险有山川山陵。君王公侯设置险阻守卫邦国。坎卦的用处多么宏大。

《象》曰：水洊至，习坎。君子以常德行①，习教事②。

习坎入坎，失道凶也。

求小得，未出中也。

来之坎坎，终无功也。

樽酒簋贰，刚柔际也。

坎不盈，中未大也。

上六失道，凶三岁③也。

注释

①常德行：常守德行。

②习教事：温习教化事务。

③凶三岁：多年有凶险。三岁：多年。

译文

《象传》说：水流叠连而至，象征重重险陷。君子效此常守德行，温习教化事务。

重重险陷而又落入坑穴，因为失去常理而有凶险。

谋求微小的获得，因为还未脱离险陷。

来去都有重重险陷，终会没有功劳。

一樽酒，两簋食，因为阴阳刚柔有边际。

坎穴没有填满，因为合宜适中但德行未光大。

上六失去常理，多年都有凶险。

点评

坎卦阐发谨慎行险的道理。坎卦卦辞主于勉励，说明面临重重险陷之际，不失诚信，通就能排险涉难，前行才可获嘉尚。坎卦六爻从正反两方面设诫，全卦四阴爻中，除六四爻柔正承阳，慎处险境获无咎外，其余三爻多呈凶象，初六爻柔弱处重坎之下，深落陷穴致凶，六三爻阴柔失正，来去均不能出险，上六爻阴处险极，凶延三岁，至于九二爻、九五爻两阳，刚健居中，是坎卦平险排难的希望所在，尽管两爻并未能彻底脱出险陷，但九二爻慎求小得，不懈努力，九五爻持续奋发。由此可见，坎卦行险的旨意是建立在阳刚笃实的基础上的，强调谨慎守恒之德，如此险陷可履，艰难可除。

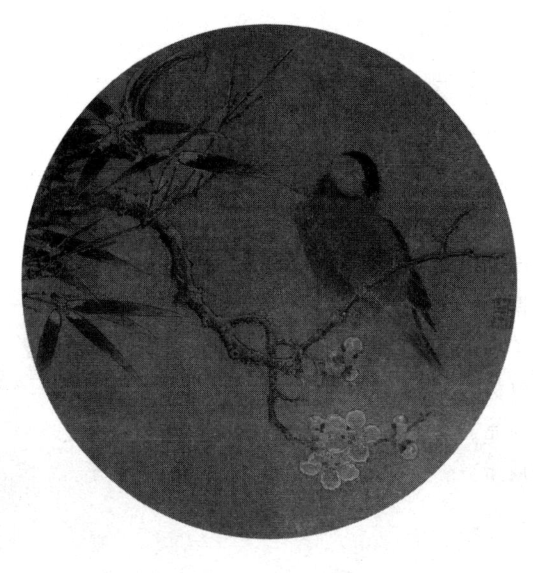

第三十卦 离䷝

经文

离[①]：利贞，亨。畜牝牛[②]吉。

初九，履错然[③]，敬之，无咎。

六二，黄离[④]，元吉。

九三，日昃之离[⑤]，不鼓缶而歌，则大耋之嗟[⑥]，凶。

九四，突如[⑦]其来如[⑧]，焚如[⑨]，死如[⑩]，弃如[⑪]。

六五，出涕沱若[⑫]，戚嗟若[⑬]，吉。

上九，王用出征，有嘉折首[⑭]，获匪其丑[⑮]，无咎。

注释

①离：附着，罗网。

②畜牝牛：畜养雌牛。畜：畜养。牝：雌的。

③履错然：践行礼仪郑重不苟。履：礼仪，行礼。错然：郑重不苟的样子。

④黄离：用黄色的事物附着。黄：黄色的事物。

⑤日昃之离：太阳附着西天。昃：读zè，太阳西落。

⑥大耋之差：老人抒发哀叹。耋：读dié，老人。嗟：叹息。

⑦突如：突然。

⑧来如：升起。

⑨焚如：燃烧。

⑩死如：消亡。

⑪弃如：弃除。

⑫出涕沱若：泪如雨下。涕：泪。沱：读tuó，痛苦，泪如雨下。

⑬戚嗟若：忧伤哀叹。戚：忧伤。

⑭有嘉折首：建立战功，斩获敌人。嘉：战功。折：斩获。首：敌人首级。

⑮获匪其丑：俘获不愿归服的人。丑：类，同类，指归服的人。

译文

离卦象征附着：宜守正，亨通。畜养雌牛吉祥。

初九，践行礼仪郑重不苟，保持恭敬，没有灾害。

六二，用黄色的事物附着，初始吉祥。

九三，太阳附着西天，不击缶而歌唱，老人抒发哀叹，有凶险。

九四，突然升起的夕阳，像烈焰燃烧，消散灭亡，被弃除干尽。

六五，泪如雨下，忧伤哀叹，会吉祥。

上九，君王出征，建立战功，斩获敌人，俘获不愿归服的人，没有灾害。

传文

《彖》曰：离，丽也。日月丽乎天，百谷草木丽乎土。重明以丽乎正，乃化成天下。柔丽乎中正，故亨，是以畜牝牛吉也。

译文

《彖传》说：离，是附着的意思。日月附着于天，百谷草木附着于地。日月光明重叠附着于守正之道，于是推行教化成就天下万物。阴柔附着于中正之道，所以亨通，因此畜养雌牛吉祥。

《象》曰：明两作[①]，离。大人以继明照于四方[②]。

履错之敬，以辟咎也。

黄离元吉，得中道也。

日昃之离，何可久也？

突如其来如，无所容也。

六五之吉，离王公也。

王用出征，以正邦也。

注释

①明两作：光明接连升起。两作：接连兴起，接连升起。

②继明照于四方：连绵不绝普照四方。继：连绵不绝。照于四方：普照四方。

译文

《象传》说：光明接连升起，象征附着。大人效此连绵不绝普照四方。

行礼保持恭敬，因为可以避免灾害。

用黄色事物附着，初始就吉祥，因为合宜适中。

太阳附着西天，怎么会长久？

突然升起的夕阳，因为无处容身。

六五爻吉祥，因为附着于君王公侯。

君王出征，因为正定邦国。

点评

离卦说的是附丽的意思，以火、日为基本喻象。离卦卦辞称畜养牝牛可获吉祥，强调附丽时应柔顺守正，才能亨通畅达。离卦六爻当中，六二爻、六五爻阴柔居中，守持正道以成附丽之美，所以有吉，九三爻、九四爻阳刚不中不正，或面临穷衰，或虚势无所容，不能遂附丽之志，所以有凶，初九爻处下敬慎，渐能附丽于物，上九爻离道已成，物皆亲附，所以两爻都获无咎。

第三十一卦　咸䷞

经文

咸[①]，亨，利贞，取女[②]吉。

初六，咸其拇[③]。

六二，咸其腓[④]，凶。居吉。

九三，咸其股[⑤]，执其随[⑥]，往吝。

九四，贞吉，悔亡。憧憧往来[⑦]，朋从尔思[⑧]。

九五，咸其脢[⑨]，无悔。

上六，咸其辅颊舌[⑩]。

注释

①咸：感，感应，交感。

②取女：娶妻。取：娶。

③咸其拇：脚拇指有感应。拇：脚拇指。

④咸其腓：小腿肚有感应。腓：读féi，小腿肚。

⑤咸其股：大腿有感应。股：大腿。

⑥执其随：身体随之而动。执，操执。

⑦憧憧往来：心意不定往来走动。憧憧：心意不定的样子。

⑧朋从尔思：朋友顺从你的想法。思：思谋，想法。

⑨咸其脢：脊背有感应。脢：读méi，脊背。

⑩咸其辅颊舌：面颊、舌头有感应。辅颊：面颊。

译文

咸卦象征交感，亨通，宜守正，娶妻吉祥。

初六，脚拇指有感应。

六二，小腿肚有感应，有凶险。安居吉祥。

九三，大腿有感应，身体随之而动，前往有悔恨。

九四，守正吉祥，悔恨消亡。心意不定往来走动，朋友顺从你的想法。

九五，脊背有感应，没有悔恨。

上六，面颊、舌头有感应。

传文

《彖》曰：咸，感也，柔上而刚下，二气感应以相与。止而说，男下女，是以亨，利贞，取女吉也。天地感而万物化生，圣人感人心而天下和平。观其所感，而天地万物之情可见矣。

译文

《彖传》说：咸，是感应的意思，阴柔在上、阳刚在下，阴阳二气互相感应相亲。有所制止而喜悦，男处女下，所以亨通，宜守正，娶妻吉祥。天地交感万物变化生成，圣人感化人心而天下和平。观察交感现象，天地万物之情就可以明白了。

《象》曰：山上有泽，咸。君子以虚受人[①]。

咸其拇，志在外也。

虽凶居吉，顺不害也。

咸其股，亦不处也。志在随人，所执下也。

贞吉悔亡，未感害也。憧憧往来，未光大也。

咸其脢，志末也。

咸其辅颊舌，滕口说②也。

注释

①以虚受人：虚怀容纳众人。虚：虚怀。受人：容纳众人。

②滕口说：腾扬空言。滕：读téng，腾扬，向上腾涌，引申为张口放言。

译文

《象传》说：山上有水泽，象征交感。君子效此虚怀容纳众人。

小腿肚有感应，因为志向是向外进取。

有凶险但安居吉祥，因为顺应交感不会有灾害。

大腿有感应，因为不能安静退处。志向是随从别人，因为执守之意卑下。

守正吉祥，悔恨消亡，因为不以交感不正而有灾害。心意不定往来走动，因为德行还未光大。

脊背有感应，因为志向低微。

面颊、舌头有感应，因为腾扬空言。

咸卦的旨意，从广义上看是普遍阐明事物感应之道，从狭义上看是揭示男女交感之理。咸卦卦辞称交感能正必致亨通，又言男子娶女可获吉祥，明确表明上述含义。咸卦六爻以人体的感应设喻，分别展示交感的不同情状及是非得失，初六爻感于脚拇指，吉凶未见；六二爻感于小腿肚，安居则吉；九三爻感于大腿，泛随有吝；九四爻感于心意，守正则吉；九五爻感于背脊，未能广应，仅得无悔；上六爻感于面颊、口舌，感应转微，吉凶难测。各爻当中，九四爻所感最具贞吉美德，九四爻辞赞扬朋从尔思的境界，强调感止于正必吉，悦以能静为宜。

第三十二卦　恒䷟

经文

恒[①]，亨，无咎，利贞，利有攸往。

初六，浚恒[②]，贞凶，无攸利。

九二，悔亡。

九三，不恒其德[③]，或承之羞[④]，贞吝。

九四，田无禽。

六五，恒其德[⑤]，贞。妇人吉，夫子凶。

上六，振恒，凶。

注释

①恒：恒久，长久。

②浚恒：急求恒久。浚：读jùn，急求。

③不恒其德：不能恒久保持德行。

④承之羞：遭遇羞辱。羞：羞辱。

⑤振恒：躁动求恒久。振：振幅，躁动。

译文

恒卦象征恒久，亨通，没有灾害，宜守正，宜有所前往。

初六，急求恒久，守正以防凶险，无所宜。

九二，悔恨消亡。

九三，不能恒久保持德行，有时遭遇羞辱，守正以防有悔恨。

九四，田野里没有禽兽。

六五，恒久保持德行，守正。妇人吉祥，男子有凶险。

上六，躁动而求恒久，有凶险。

传文

《彖》曰：恒，久也。刚上而柔下，雷风相与，巽而动，刚柔皆应，恒。恒亨，无咎，利贞，久于其道也。天地之道，恒久而不已也。利有攸往，终则有始也。日月得天而能久照，四时变化而能久成，圣人久于其道而天下化成。观其所恒，而天地万物之情可见矣。

译文

《彖传》说：恒，是恒久的意思。阳刚在上、阴柔在下。雷风互相交助，巽顺而动，阳刚阴柔都相互应和，所以恒久。恒久亨通，没有灾害，宜守正，因为恒久守持常理。天地之道恒久不止。宜有所前往，因为有终就有始。日月在天上而能恒久照耀，四季变化而能恒久运行，圣人恒久守持常理而天下教化得以成就。观察所恒久守持的德行，天地万物的情状就可以显现了。

《象》曰：雷风，恒。君子以立不易方[①]。

浚恒之凶，始求深也。

九二悔亡，能久中也。

不恒其德，无所容也。

久非其位，安得禽也？

妇人贞吉，从一而终也。夫子制义[②]，从妇凶也。

振恒在上，大无功也。

注释

①立不易方：确立恒久不变的道理。立：确立。不易：不变。方：道理。

②制义：处事适宜。制：裁制，处事。义：适宜。

译文

《象传》说：雷风互相交助，象征恒久。君子效此确立恒久不变的道理。

急求恒久的凶险，因为开始欲求过深。

九二悔恨消亡，因为能长久合宜适中。

不能恒久保持德行，因为无处容身。

长久处位不当，怎么能俘获禽兽？

妇人守正吉祥，因为终身随从一夫。男子处事适宜，随从夫人就有凶险。

在上躁动而求恒久，因为大无功劳。

恒卦阐发事物保持恒久的道理，从人事上说，即教人立身处世有持之以恒的精神。恒卦卦辞以“亨通，没有灾害，宜守正，宜有所前往”极力赞美恒道可行。恒卦六爻中，无一爻全吉，初六爻急于深求恒道，诫以守正防凶，九二爻失位，恒守刚中，遂得消悔，九三爻守德不恒，或致羞，妇人有吉，男子则凶，上六爻好动不能守恒，面临凶险，显然，各爻虽然得失不同，但均不能尽恒之义，六爻当中难获完吉，就是恒卦的旨意所在。

第三十三卦　遯䷠

经文

遯①，亨。小利贞。

初六，遯尾②，厉，勿用有攸往。

六二，执之用黄牛之革③，莫之胜说④。

九三，系遯⑤，有疾厉。畜臣妾⑥，吉。

九四，好遯⑦，君子吉，小人否。

九五，嘉遯⑧，贞吉。

上九，肥遯⑨，无不利。

注释

①遯：读dùn，小猪，引申为退避。

②遯尾：小猪尾。

③执之用黄牛之革：捉住小猪用黄牛皮捆缚。执：捉住。黄牛之革：黄牛皮。

④莫之胜说：不能挣脱。说：读tuō，挣脱。

⑤系遯：拴住小猪。系：拴住。

⑥畜臣妾：畜养奴隶。臣：男性奴隶。妾：女性奴隶。

⑦好遯：令人喜爱的小猪。好：喜好，喜爱。

⑧嘉遯：受人嘉美的小猪。嘉：嘉美。

⑨肥遯：养肥的小猪。

译文

遯卦象征退避，亨通，柔小者宜守正。

初六，小猪尾被伤害而有凶险，不要有所前往。

六二，捉住小猪用黄牛皮捆缚，不能挣脱。

九三，拴住小猪，有疾病凶险。畜养奴隶，吉祥。

九四，令人喜爱的小猪，君子吉祥，小人不吉祥。

九五，受人嘉美的小猪，守正吉祥。

上九，养肥的小猪，无不宜。

传文

《彖》曰：遯亨，遯而亨也。刚当位而应，与时行也。小利贞，浸而长也。遯之时义大矣哉。

译文

《彖传》说：退避亨通，因为退避才有亨通。阳刚居位适当而有应和，因为顺应时机运行。柔小者宜守正，因为阴柔逐渐生长。遯卦的意义多么宏大。

《象》曰：天下有山，遯。君子以远小人，不恶而严[①]。

遯尾之厉，不往何灾也？

执用黄牛，固志也。

系遯之厉，有疾惫[②]也。畜臣妾吉，不可大事也。

君子好遯，小人否也。

嘉遯贞吉，以正志也。

肥遯无不利，无所疑也。

注释

①不恶而严：不露厌恶威严自显。不恶：不露厌恶。

②疾惫：疾病疲惫。

译文

《象传》说：天下有大山耸立，象征退避。君子效此远避小人，不露厌恶而威严自显。

小猪尾的凶险，不前往会有什么灾害？

被黄牛皮捆缚，因为固守志向。

被拴住的凶险，因为有疾病疲惫。畜养奴隶吉祥，因为不可施展大事。

君子喜爱小猪，小人不喜好小猪。

受人嘉美的小猪守正吉祥，因为端正志向。

养肥小猪无不宜，因为心中无疑虑。

点评

遯卦阐发退避的道理，但是，并非宣扬无原则的消极避世，而是事物发展受阻碍时暂行退避，以期来日振兴复盛。从人事上说，如君子当衰坏之世，身退而道亨。遯卦卦辞揭示避而求亨之理，柔小者宜守正，强调此时应当抑制阻碍力的增长，辅助刚大者顺利行遯。遯卦六爻当中，下三爻因各种环境条件所限，或不及避，或不愿避，或不能避，以贞定自守，不图大事为宜；上三爻阳刚在外，均能识时避退，以不恋私好，毅然远去为美。由此可见，遯卦上下卦中，行避之事重在上卦，上卦当中又以上九爻高飞远退的喻象最为典型。

第三十四卦　大壮䷡

经文

大壮[①]，利贞。

初九，壮于趾[②]，征凶，有孚。

九二，贞吉。

九三，小人用壮[③]，君子用罔[④]，贞厉。羝羊触藩[⑤]，羸其角[⑥]。

九四，贞吉，悔亡。藩决[⑦]不羸，壮于大舆之輹[⑧]。

六五，丧羊于易[⑨]，无悔。

上六，羝羊触藩，不能退，不能遂[⑩]，无攸利。艰则吉。

注释

①大壮：大为强盛。壮：强盛。

②壮于趾：脚趾强壮。

③小人用壮：小人恃强凌人。

④君子用罔：君子不用强。罔：读wǎng，无。

⑤羝羊触藩：公羊撞击藩篱。羝：读dī，公羊。藩：藩篱。

⑥羸其角：羊角被缠住。羸：读léi，缠绕。

⑦藩决：藩篱被撞开。决：决口。

⑧壮于大舆之輹：车轮輹被撞坏。壮：伤害。

⑨丧羊于易：在田里丧失羊。易：田场。

⑩遂：前行。

译文

大壮卦象征大为强盛，宜守正。

初九，脚趾强壮，兴兵有凶险，当心有诚信。

九二，守正吉祥。

九三，小人恃强凌人，君子不用强，守正以防凶险。公羊撞击藩篱，羊角被缠住。

九四，守正吉祥，悔恨消亡。藩篱被撞开，羊角不被绑缚，车轮輹被撞坏。

六五，在田里丧失羊，没有悔恨。

上六，公羊撞击藩篱，不能退却，不能前进，无所宜。艰难但吉祥。

传文

《彖》曰：大壮，大者壮也。刚以动，故壮。大壮利贞，大者正也。正大而天地之情可见矣。

译文

《彖传》说：大为强盛，是刚大而强盛的意思。刚健而动，所以强盛。大为强盛时宜守正，因为刚大者要守正。守正而刚大，天地万物的情状就可以显现了。

《象》曰：雷在天上，大壮。君子以非礼①弗履②。

壮于趾，其孚穷也。

九二贞吉，以中也。

小人用壮，君子罔也。

藩决不羸，尚往也。

丧羊于易，位不当也。

不能退，不能遂，不详也。艰则吉，咎不长也。

注释

①非礼：不合礼仪。

②弗履：不践行。

译文

《象传》说：雷声响彻天上，象征大为强盛。君子效此不施行不合礼仪之事。

脚趾强壮，因为诚信困穷。

九二守正吉祥，因为合宜适中。

小人恃强凌人，君子不用强。

藩篱被撞开，因为崇尚行动。

在田里丧失羊，因为处位不适当。

不能退却，不能前进，不会吉祥。艰难但吉祥，灾害不会长久。

大壮卦辞“贞吉”揭示守正处壮必获吉祥的道理。大壮卦六爻一一说明大壮之时不可恃强用壮，而要谦退持中，九二爻、九四爻两刚以谦柔获吉，初九爻、九三爻两阳妄动必凶，六五爻、上六爻两阴刚壮已过更宜柔和自守，所以，大壮卦的核心思想就是不用壮。

第三十五卦　晋☷☲

经文

晋[①]，康侯[②]用锡马蕃庶[③]，昼日三接[④]。

初六，晋如摧如[⑤]，贞吉。罔孚[⑥]，裕[⑦]无咎。

六二，晋如愁如[⑧]，贞吉。受兹介福[⑨]，于其王母[⑩]。

六三，众允[⑪]，悔亡。

九四，晋如鼫鼠[⑫]，贞厉。

六五，悔亡，失得勿恤[⑬]，往吉，无不利。

上九，晋其角[⑭]，维用伐邑，厉吉，无咎，贞吝。

注释

①晋：进长。

②康侯：安康的公侯。

③锡马蕃庶：赏赐的马匹众多。锡：读cì，赏赐。蕃庶：众多。

④昼日三接：一日内多次接见。昼日：一天。三：多次。接：接见。

⑤晋如摧如：前进受阻。摧：挫折，受阻。

⑥罔孚：不怀诚信。罔：无。

⑦裕：宽容。

⑧晋如愁如：前进有忧愁。愁：忧愁。

⑨受兹介福：受到盛大福祉。介：盛大。

⑩王母：祖母。

⑪众允：众人信任。允：信任。

⑫晋如鼫鼠：像鼠一样前进。鼫：读shí，一种鼠类。

⑬失得勿恤：不要担忧得失。失得：得失。恤：担忧。

⑭晋其角：前进至极。角：极尽。

译文

晋卦象征进长，安康的公侯受赏的马众多，一日内多次接见。

初六，前进受阻，守正吉祥。不怀诚信，宽容没有灾害。

六二，前进有忧愁，守正吉祥。受到来自祖母的盛大福祉。

六三，众人信任，悔恨消亡。

九四，像鼠一样前进，守正以防凶险。

六五，悔事消亡，不要担忧得失，前往吉祥，无不宜。

上九，前进至极，用以征伐邦国，有凶险而吉祥，没有灾害，守正以防悔恨。

传文

《象》曰：晋，进也，明出地上。顺而丽乎大明，柔进而上行，是以康侯用锡马蕃庶，昼日三接也。

译文

《象传》说：晋，是进长的意思，光明出现在地上。逊顺附着于太阳，阴柔进长向上直行，所以安康的公侯受赏的马众多，一日内受到多次接见。

《象》曰：明出地上，晋。君子以自昭明德ɑ。

晋如摧如，独行正也。裕无咎，未受命也。

受兹介福，以中正也。

众允之志，上行也。

鼫鼠贞厉，位不当也。

失得勿恤，往有庆也。

维用伐邑，道未光也。

注释

①自昭明德：自我昭示光明的德行。自昭：自我昭示。明德：光明的德行。

译文

《象传》说：光明出现在地上，象征进长。君子效此自我昭示光明的德行。

前进受阻，因为独自施行守正之道。宽容没有灾害，因为没有受到任命。

受到盛大福祉，因为适中守正。

众人信任的志向，因为志向是向上进取。

像鼠一样前进，守正以防凶险，因为处位不适当。

不要担忧得失，因为前往会有吉庆。

用以征伐邦国，因为进长之道还未光大。

晋卦阐发事物进长的道理。晋卦《彖传》指出，“顺而丽乎大明，柔进而上行”，以柔、顺两字，点明事物进长的要旨。晋卦六爻当中，四阴爻为处晋有道之象；初六爻虽受挫折，宽裕待进；六二虽有愁绪，守正获福，六三爻见信于众，悔恨消亡；六五爻不忧得失，有吉；四阴爻均由于柔顺使晋途畅通；其中尤以六五爻居尊，最为佳美，与卦辞“康侯”的喻象相应。晋卦中的两阳爻为处晋不当之象，九四爻失正不中，晋必有危；上九爻晋极刚亢，难免致吝，两阳爻都因有失柔顺使晋途阻碍。晋卦极力肯定柔顺，又必须以光明道德为重要前提，在下者附着于明求进，在上者向明施治，晋卦卦象下顺上明，六五爻尊居离明之中。由此可见，柔顺是求晋的手段，光明是获晋的方向，两者结合就是晋卦旨意所在。

第三十六卦　明夷䷣

经文

明夷[①]，利艰贞。

初九，明夷于飞[②]，垂其翼。君子于行[③]，三日不食。有攸往，主人有言[④]。

六二，明夷。夷于左股[⑤]，用拯马壮[⑥]，吉。

九三，明夷于南狩[⑦]，得其大首[⑧]。不可疾[⑨]，贞。

六四，入于左腹，获明夷之心[⑩]，于出门庭。

六五，箕子[⑪]之明夷，利贞。

上六，不明晦[⑫]，初登于天，后入于地。

注释

①明夷：光明损伤。明：光明。夷：损伤。

②明夷于飞：在光明损伤时飞翔。

③君子于行：君子出行。

④主人有言：主事的人有闲言。言：闲言，怨言。

⑤左股：左腿。

⑥用拯马壮：骑骏马救护。拯：拯救。壮：强壮。

⑦明夷于南狩：光明损伤时在南方狩猎。于：往。

⑧得其大首：俘获首领。得：俘获。首：首领。

⑨不可疾：不可着急。疾：急。

⑩获明夷之心：理解光明损伤时的内心。获：理解。

⑪箕子：人名，商纣朝的贤臣。

⑫不明晦：不光明而晦暗。

译文

明夷卦象征光明损伤，宜谨记艰难守正。

初九，在光明损伤时飞翔，低垂翅膀。君子出行时，多日不吃饭。有所前往，主事的人有闲言。

六二，光明损伤。伤害左腿，骑骏马救护，吉祥。

九三，光明损伤时在南方狩猎，俘获首领。不可着急，守正。

六四，退处到左边腹地，理解光明损伤时的内心，走出门庭。

六五，箕子的光明损伤，宜守正。

上六，不光明而晦暗，起初登上天，后落到地中。

传文

《象》曰：明入地中，明夷。内文明而外柔顺，以蒙①大难，文王以之。利艰贞，晦其明②也。内难③而能正其志，箕子以之。

注释

①蒙：蒙受。

②晦其明：暗藏光明。

③内难：内有险难。

译文

《象传》说：光明隐入地中，这就是光明损伤。内含文明而外呈柔顺，以此蒙受大灾难，文王是以此渡难的。宜谨记艰难守正，因为要暗藏自己的光明。内有险难而能端正志向，箕子是以此渡难的。

《象》曰：明入地中，明夷。君子以莅众[1]，用晦而明。

君子于行，义不食也。

六二之吉，顺以则也。

南狩之志，乃得大也。

入于左腹，获心意[2]也。

箕子之贞，明不可息[3]也。

初登于天，照四国也。后入天地，失则[4]也。

注释

①莅众：莅临民众。

②获心意：理解内心意愿。获：理解。

③明不可息：光明不会熄灭。息：熄灭。

④失则：失去法度。

译文

《象传》说：光明隐入地中，象征光明损伤。君子效此莅临民众，自我晦藏而更显光明。

君子出行，含义就是不吃饭。

六二爻吉祥，因为顺应法度。

在南方狩猎的志向，因为会大有所得。

退处到左边腹地，因为理解内心意愿。

箕子守正，因为光明不会熄灭。

起初登上天，因为普照四方众国。后落到地中，因为失去法度。

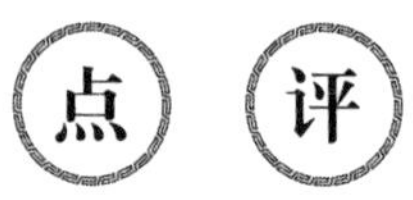

点评

明夷卦以“明入地中”为喻，展示政治昏暗，光明泯灭之世的情状以及君子自晦其明，守正不移的品质。明夷卦辞“利艰贞”强调在艰难中维护正道，在自晦中期待转衰为盛，重见光明。明夷卦六爻当中，初九爻、四六爻是以消极反抗的态度处明夷，六二爻、九三爻、六五爻是以积极救治的精神处明夷，世虽暗而道不可没，明夷卦《象传》所谓“明不可息”说的就是这层含义。总之，明夷卦的旨意立足于艰贞守正。

第三十七卦　家人䷤

经文

家人[1]，利女贞。

初九，闲有家[2]，悔亡。

六二，无攸遂[3]，在中馈[4]，贞吉。

九三，家人嗃嗃[5]，悔厉，吉。妇子嘻嘻，终吝。

九四，富家[6]，大吉。

九五，王假有家[7]，勿恤，吉。

上九，有孚威如[8]，终吉。

注释

①家人：一家人，

②闲有家：防备邪恶保家。闲：防备。有家：保护家。

③无攸遂：无所成就。遂：成就。

④在中馈：主管家中饮食。馈：饮食。中：家中。

⑤家人嗃嗃：家人互相咆哮。嗃：读hè，大声嗥叫，咆哮。

⑥富家：使家庭富裕。富：增富。

⑦王假有家：君王以此保家。假：凭借。

⑧有孚威如：心怀诚信有威严。威：威严。

译文

家人卦象征一家人，宜女子守正。

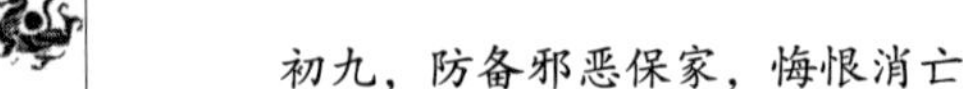

初九，防备邪恶保家，悔恨消亡。

六二，无所成就，主管家中饮食，守正以防凶险。

九三，家人互相咆哮，悔恨消亡，吉祥。妇人孩子嬉笑，终会有悔恨。

六四，使家庭富裕，大吉祥。

九五，君王以此保家，不要担忧，吉祥。

上九，心怀诚信有威严，终会吉祥。

传文

《彖》曰：家人，女正位乎内，男正位乎外，男女正，天地之大义也。家人有严君焉，父母之谓也。父父，子子，兄兄，弟弟，夫夫，妇妇，而家道正，正家而天下定矣。

译文

《彖传》说：家人中，女人正位在内，男人正位在外，男女各正其位，这就是天地间宏大的道理。家人中有严明的君长，这指的是父母。父亲尽父亲的责任，儿子尽儿子的责任，兄长尽兄长的责任，弟弟尽弟弟的责任，丈夫尽丈夫的责任，妻子尽妻子的责任，于是家道端正，而家道端正，天下就安定了。

《象》曰：风自火出，家人。君子以言有物[1]而行有恒[2]。

闲有家，志未变也。

六二之吉，顺以巽也。

家人嗃嗃，未失也。妇子嘻嘻，失家节也。

富家大吉，顺在位也。

王假有家，交相爱也。

威如之吉，反身③之谓也。

注释

①言有物：发言有根据。

②行有恒：行动有恒久的准则。

③反身：反省自己。

译文

《象传》说：风从火焰中生出，象征家人。君子效此发言有根据，行动有恒久准则。

防备邪恶保家，因为家人志向没有改变。

六二爻吉祥，因为逊顺。

家人互相咆哮，因为没有失去家人之道。妇人孩子嬉笑，因为失去家中礼节。

使家庭富裕的大吉祥，因为柔顺处位适当。

君王以此保家，因为君民互相爱护。

有威严的吉祥，是说反省自己。

家人卦阐发治家之道。家人卦辞宜女子守正，强调女子，责求女子之正应当柔顺，家道于是不失。家人卦六爻当中，阐发男女如何正家，男以刚严为正，女以柔顺为正，家人卦《彖传》所谓“男女正，天地之大义”，就是本于男严女顺的思想。

第三十八卦　睽䷥

经文

睽[1]，小事吉。

初九，悔亡。丧马，勿逐自复[2]。见恶人[3]，无咎。

九二，遇主于巷，无咎。

九三，见舆曳[4]，其牛掣[5]，其人天且劓[6]。无初有终[7]。

九四，睽孤[8]。遇元夫[9]，交孚，厉无咎。

六五，悔亡，厥宗噬肤[10]，往何咎？

上九，睽孤，见豕负途[11]，载鬼一车，先张之弧[12]，后说之弧[13]。匪寇，婚媾，往遇雨则吉。

注释

①睽：读kuí，睽违，背离。

②勿逐自复：不用追寻，自会返回。逐：追寻。

③见恶人：遇到恶人。见：遇到。

④见舆曳：遇到车被拖行。曳：读yè，牵引，拖行。

⑤其牛掣：牛角受到束缚。掣：读chè，掣肘，束缚。

⑥天且劓：削发割鼻的刑罚。劓：读yì，一种割去鼻子的刑罚。

⑦无初有终：没有初始而有善终。终：善终，好的结果。

⑧睽孤：因睽违而孤独。

⑨遇元夫：遇到大人。元夫：大人，年长，德高，位尊的人。

⑩厥宗噬肤：他的宗亲们在吃肉。厥：其。噬：吃。肤：柔软的肉。

⑪豕负涂：小猪满身泥土。

⑫张之弧：张开弓箭。

⑬说之弧：放下弓箭。说：读tuō，脱下，放下。

译文

睽卦象征睽违，小事吉祥。

初九，悔恨消亡。丧失马，不用追寻，自会返回。遇到恶人，没有灾害。

九二，在巷中遇见主事的人，没有灾害。

六三，遇到车被拖行，牛角受到束缚，车夫遭受削发割鼻的刑罚。没有初始而有善终。

九四，因睽违而孤独。遇到大人，心怀诚信结交，有凶险，没有灾害。

六五，悔恨消亡，他的宗亲们在吃肉，前往会有什么灾害？

上九，因睽违而孤独，看到小猪满身泥土，车满载鬼怪，先张开弓箭，后放下弓箭。不是贼寇，而是来求取婚配的，前往遇到雨天吉祥。

传文

《彖》曰：睽，火动而上，泽动而下，二女同居，其志不同行。说而丽乎明，柔进而上行，得中而应乎刚，是以小事吉。天地睽而其事同也，男女睽而其志通也，万物睽而其事类也。睽之时用大矣哉。

译文

《彖传》说：睽违时，火焰燃动炎上，泽水流动润下，二女同住，志向不同而行动睽违。喜悦附着于光明，阴柔进长向上，合宜适中而与阳刚应和，所以小事吉祥。天地有差异而养育万物的事理相同，男女有差异而心志相通，万物有差异而各含阴阳的事类相同。睽卦的用处多么宏大。

《象》曰：上火下泽，睽。君子以同而异[1]。

见恶人，以辟咎[2]也。

遇主于巷，未失道也。

见舆曳，位不当也。无初有终，遇刚也。

交孚无咎，志行也。

厥宗噬肤，往有庆也。

遇雨之吉，群疑亡也。

注释

①以同而异：谋求同道容存差异。同：求同。异：存异。

②辟咎：避免灾害。

译文

《象传》说：上面火焰，下面水泽，象征睽违。君子效此谋求同道而容存差异。

遇到恶人，以此避免灾害。

在巷中遇见主事的人，因为没有失去常理。

遇到车被拖行，因为处位不适当。没有初始而有善终，因为遇到阳刚。

心怀诚信结交没有灾害，因为志向得到施行。

他的宗亲们在吃肉，因为前往会有吉庆。

遇到雨天的吉祥，因为众多疑惑都消亡。

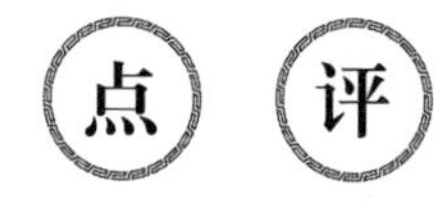

点评

睽卦说的是乖背睽违的意思，阐发化睽为合的道理。睽卦卦辞所谓“小事吉祥”，表明事物虽睽，必有可以和同之处，柔顺处事，乖背就能消除。睽卦六爻都处在睽违之时，久睽不合，初九爻丧马，九四爻遇元夫，两爻和合，九二爻委曲求遇，六五爻往何咎，两爻和合，九三爻舆曳、牛掣，上九爻遇雨，两爻和合，由此可见，各爻都以小心、委婉之道，收济睽、合睽之功。睽卦《彖传》所谓“天地睽而其事同也，男女睽而其志通也，万物睽而其事类也”，阐发的就是这一层含义。

第三十九卦 蹇䷦

经文

蹇[①]，利西南，不利东北。利见大人，贞吉。

初六，往蹇[②]，来誉[③]。

六二，王臣蹇蹇[④]，匪躬之故[⑤]。

九三，往蹇，来反[⑥]。

六四，往蹇，来连[⑦]。

九五，大蹇，朋来。

上六，往蹇，来硕[⑧]。吉，利见大人。

注释

①蹇：读jiǎn，艰难。

②往蹇：前往遇到艰难险阻。往：前往。

③来誉：返回得到赞誉。来：返回来。

④王臣蹇蹇：君王的臣仆历经重重艰难险阻。蹇蹇：重重艰难险阻。

⑤匪躬之故：不是为了自身的缘故。躬：自身。

⑥来反：返回来。

⑦来连：返回接连遭遇艰难险阻。连：接连。

⑧来硕：硕大收获。硕：大。

译文

蹇卦象征艰难，宜往西南行，不宜往东北行。宜拜见大人，守正吉祥。

初六，前往遇到艰难险阻，返回得到赞誉。

六二，君王的臣仆历经重重艰难险阻，不是为了自身的缘故。

九三，前往遇到艰难险阻，返回。

六四，前往遇到艰难险阻，返回接连险阻。

六五，大险阻，朋友来帮助。

上六，前往遇到艰难险阻，返回有硕大收获。吉祥，宜拜见大人。

传文

《彖》曰：蹇，难也，险在前也。见险而能止，知矣哉。蹇利西南，往得中也。不利东北，其道穷也。利见大人，往有功也。当位贞吉，以正邦也。蹇之时用大矣哉。

译文

《彖传》说：蹇，是艰难的意思，凶险在前方。见到危险而能停止，这就是明智。艰难时宜往西南行，因为前往就能合宜适中。不宜往东北行，因为前往的道路穷尽。宜拜见大人，因为前往可获得成功。居位正当而守正吉利，以此端正邦国。蹇卦的用处多么宏大。

《象》曰：山上有水，蹇。君子以反身修德①。

往蹇来誉，宜待②也。

王臣蹇蹇，终无尤也。

往蹇来反，内喜之也。

往蹇来连，当位实也。

大蹇朋来，以中节也。

往蹇来硕，志在内也。利见大人，以从贵[3]也。

注释

①反身修德：反省自身培育德行。

②宜待：宜等待时机.

③从贵：随从尊贵的人。

译文

《象传》说：山上有水流，象征艰难。君子效此反省自身培育德行。

前往遇到艰难险阻，返回得到赞誉，因为宜等待时机。

君王的臣仆历经重重艰难险阻，终会没有幽怨。

前往遇到艰难险阻，返回，因为内部喜欢它。

前往遇到艰难险阻，返回接连险阻，因为处位端正厚实。

大险阻，朋友来帮助，因为有合宜适中的节操。

前往遇到艰难险阻，返回有硕大收获，因为志向是在内部共同济难。宜拜见大人，因为以此随从尊贵的人。

点评

蹇卦阐发渡过蹇难的道理。蹇卦卦辞所谓“利西南，不利东北”，说明济蹇进退合宜，遇蹇难时可进则进，不可进则退，所谓“利见大人”，说明蹇难时，期待能够聚合各方力量，引导渡过蹇难；所谓“贞吉”，说明言行不违正道，上下同舟共济，就能够渡过蹇难。蹇卦六爻揭示处在不同环境、地位时的济蹇情状，初六爻位卑无应，犯难冒进则遇蹇，退处待时则有誉；六二爻柔中应刚，尽心济难；九三爻刚正而险难当前，应暂退安内，然后求进；六四爻柔正而前后均有险，应自守正固；九五爻阳刚中正，为大人济蹇之象，虽为大蹇，却有友朋来归，共济危难；上六爻蹇难将解除，附从君王建立功绩功，终获吉祥。综观蹇卦六爻旨意，各爻均说明人善处蹇时，勉力济襄。全卦到上六爻才言吉，表示匡济蹇难必须经历长期艰苦的过程，才能见到功效。

第四十卦 解䷧

经文

解[①]，利西南。无所往，其来复吉。有攸往，夙[②]吉。

初六，无咎。

九二，田获三狐，得黄矢，贞吉。

六三，负且乘[③]，致寇至[④]，贞吝。

九四，解而拇[⑤]，朋至斯孚[⑥]。

六五，君子维有解，吉，有孚于小人。

上六，公用射隼[⑦]于高墉[⑧]之上，获之，无不利。

注释

①解：舒解，解除。

②夙：早。

③负且乘。负重登高。负：背负。乘：登高。

④致寇至：招致贼寇。致：招致。

⑤解而拇：解脱被束缚的拇指。拇：拇指。

⑥朋至斯孚：朋友到来心怀诚信。

⑦隼：鹰。

⑧高墉：高墙。

译文

解卦象征舒解，宜往西南行。没有可前往的方向，返回原处吉祥。有所前往，早往吉祥。

初六，没有灾害。

九二，田猎获三只狐狸，得黄箭头，守正吉祥。

六三，负重登高，招致贼寇，守正以防悔恨。

九四，解脱被束缚的拇指，朋友到来心怀诚信。

六五，君子得到解脱，吉祥，心怀诚信对待小人。

上六，公侯在城墙上射鹰隼，俘获它，无不宜。

传文

《彖》曰：解，险以动，动而免乎险，解。解利西南，往得众也。其来复吉，乃得中也。有攸往，夙吉，往有功也。天地解而雷雨作，雷雨作而百果草木皆甲坼[①]。解之时大矣哉。

注释

①甲坼：发芽生根。坼：读chè，裂开，引申为种子破壳发芽。

译文

《彖传》说：舒解时，身处险难而行动，行动摆脱凶险，这就是舒解。舒解时宜往西南行，因为前往能得到民众归服。返回原处吉祥，因为能合宜适中。有所前往，早往吉祥，因为前往可获得成功。天地舒解而雷雨大作，雷雨大作而百果草木都得以发芽生根。解卦的意义多么宏大。

《象》曰：雷雨作，解。君子以赦过[①]宥罪[②]。

刚柔之际，义无咎也。

九二贞吉，得中道也。

负且乘，亦可丑也。自我致戎[③]，又谁咎也？

解而拇，未当位也。

君子有解，小人退也。

公用射隼，以解悖[④]也。

注释

①赦过：赦免过错。

②宥罪：宽宥罪恶。宥：读yòu，宽宥。

③致戎：招致贼寇。

④解悖：解除悖逆。

译文

《象传》说：雷雨交作，象征舒解。君子效此赦免过错宽宥罪恶。

阳刚阴柔交接时，它的含义就是没有灾害。

九二守正吉祥，因为合宜适中。

负重登高，也可为羞愧。自己招致贼寇，会是谁的灾害？

解脱被束缚的拇指，因为处位不适当。

君子得到解脱，因为小人退散。

公侯射鹰隼，因为以此解除悖逆。

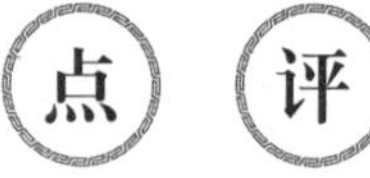

解卦阐发舒解险难的道理，说明通过排患解难，追求安宁平和的环境。解卦六爻展示解难过程中的具体情状，反复申言清除小人、排解内患的重要意义，六爻当中，六三爻一阴为小人，导致

天下有险；九二爻获狐，所获即九三爻小人；九四爻解拇，所解即九三爻小人之难；上六爻射隼，所射即九三爻小人；六五爻有孚，同样围绕九三爻；唯初六爻柔顺位卑，不任解难。显然，解卦全卦的险难集在六三爻，以致其余各爻群起而解之。九三爻阴居内卦坎险之上，比喻内部隐患，解卦说的险难，即在内部。

第四十一卦　损䷨

经文

损，有孚，元吉，无咎，可贞，利有攸往。曷之用[①]？二簋可用享。

初九，已事遄往[②]，无咎，酌损之[③]。

九二，利贞，征凶，弗损益之。

六三，三人行，则损一人。一人行，则得其友。

六四，损其疾[④]，使遄有喜，无咎。

六五，或益之十朋之龟[⑤]，弗克违[⑥]，元吉。

上九，弗损益之，无咎，贞吉，利有攸往，得臣无家[⑦]。

注释

①曷之用：用什么。曷：读hé，什么。

②已事遄往：修养自身的事要快速前往。已事：自己的事，修养自身的事。遄：读chuán，快速。

③酌损之：酌情减损。酌：酌量，酌情。

④损其疾：减损疾病。

⑤十朋之龟：价值十朋的宝龟。朋：古代货币，两枚贝壳合为“朋”。

⑥弗克违：无法违背。克：能够。

⑦得臣无家：得到臣民拥护而不限于一家。无家：不限于一家。

译文

损卦象征减损，心怀诚信，初始吉祥，没有灾害，守正，宜有所往。用什么？二簋食物可以用来祭祀。

初九，修养自身的事要快速前往，没有灾害，酌情减损。

九二，宜守正，兴兵有凶险，不要减损，而要增益。

六三，三人出行，会减损一人，一人行，会得到朋友。

六四，减损疾病，快速而有喜事，没有灾害。

六五，有时增益价值十朋的宝龟，无法违背，初始吉祥。

上九，不要减损，而要增益，没有灾害，守正吉祥，宜有所前往，得到臣民拥护而不限于一家。

传文

《彖》曰：损，损下益上，其道上行。损而有孚，元吉无咎，可贞利有攸往。曷之用？二簋可用享。二簋应有时，损刚益柔有时。损益盈虚，与时偕行①。

注释

①与时偕行：顺应时机协同行动。偕：协同。

译文

《彖传》说：减损，就是减损于下增益于上、阳道上行。减损时心怀诚信，初始吉祥，没有灾害，守正，宜有所往。用什么？二簋食物可以用来祭祀。用二簋食物祭祀应当顺应时机，减损阳刚增益阴柔也应当顺应时机。减损增益，盈满亏虚，都顺应时机协同行动。

《象》曰：山下有泽，损，君子以惩忿a窒欲b。

已事遄往，尚合志也。

九二利贞，中以为志也。

一人行，三则疑也。

损其疾，亦可喜也。

六五元吉，自上祐也。

弗损益之，大得志也。

注释

a惩忿：抑制忿恨。忿：读fèn，愤恨。

b窒欲：窒塞欲望。

译文

《象传》说：山下有水泽，象征减损。君子效此抑制愤恨窒塞欲望。

修养自身的事要快速前往，因为崇尚志和相通。

九二爻宜守正，因为以合宜适中为志向。

一人出行，三人出行会互相猜疑。

减损疾病，可以欢喜。

六五初始吉祥，因为有上天保佑。

不要减损，而要增益，因为志向得到广大施行。

点评

损卦的含义是损下益上。损卦卦辞指出减损之道应当以诚信为本，就能“元吉，无咎，可贞，利有攸往”，只要心存诚信，即使微薄之物也足以有益于上。损卦《象传》进一步说道“损益盈虚，与时偕行”，把诚信与合时联系到一起，表明损下不是滥损，益上不是滥益。损卦六爻当中，下三爻在下自损，与上三爻居上受益两两相对；初九爻酌损己刚，有应于六四爻，九二爻不自滥损，守正益上，与六五爻有应；六三爻以专一之诚益上，与上九爻有应。损卦下卦的爻辞有“酌损”“弗损”“三人行则损一人”之诫，可知旨意在于损所当损，上卦六四爻、六五爻以阴居上，有虚己谦下而受益之象，表示损中有益；上九爻居损卦之极，因所受之益广益于下，表示损益互为转化，损极必获益，益极应益人。

第四十二卦　益䷩

经文

益，利有攸往，利涉大川。

初九，利用为大作[①]，元吉，无咎。

六二，或益之十朋之龟，弗克违，永贞吉。王用享于帝[②]，吉。

六三，益之用凶事[③]，无咎。有孚中行[④]，告公用圭[⑤]。

六四，中行告公从，利用为依迁国[⑥]。

九五，有孚惠心[⑦]，勿问元吉。有孚惠我德[⑧]。

上九，莫益之，或击之。立心勿恒⑨，凶。

注释

①大作：大事，大的作为。

②王用享于帝：君王祭祀上帝。帝：上帝。

③用凶事：治理凶险的事。

④有孚中行：心怀诚信，持中守正。中行：持中守正。

⑤告公用圭：执玉圭觐见公侯。告：觐见。圭：读guī，一种玉制的礼器。

⑥迁国：迁都。

⑦有孚惠心：心怀诚信施惠万民的内心。惠：施惠。

⑧有孚惠我德：万民心怀诚信施惠给我的德行。德：德行。

⑨立心勿恒：居心不恒久。立心：居心。

译文

益卦象征增益，宜有所前往，宜渡河。

初九，宜有大作为，初始吉祥，没有灾害。

六二，有时增益价值十朋的宝龟，无法违背，永远守正吉祥。君王祭祀上帝，吉祥。

六三，受到增益后用于治理凶险的事，没有灾害。心怀诚信，持中守正，执玉圭觐见公侯。

六四，持中守正觐见公侯能够听从，宜顺依天意迁都。

九五，心怀诚信施惠万民的内心，不用贞问初始吉祥。万民心怀诚信施惠给我的德行。

上九，没人增益他，有时攻击他。居心不恒久，有凶险。

传文

《彖》曰：益，损上益下，民说无疆。自上下下，其道大光。利有攸往，中正有庆。利涉大川，木道[①]乃行。益动而巽，日进无疆。天施地生[②]，其益无方[③]。凡益之道，与时偕行。

注释

①木道：木舟。

②天施地生：天施阳气，地生万物。

③益无方：效益无尽。无方：无尽。

译文

《彖传》说：增益，就是减损于上、增益于下，民众喜悦无穷。自上而居下，它的德行盛大光明。宜有所前往，因为合宜适中而有吉庆。宜渡河，因为有木舟渡水而行。增益时震动逊顺，日日增进无穷。天施阳气而地生万物，效益无尽。凡是事物增益时的道理，都顺应时机而协同行动。

《象》曰：风雷，益，君子以见善则迁[1]，有过则改。

元吉无咎，下不厚事[2]也。

或益之，自外来也。

益用凶事，固有之也。

告公从，以益志也。

有孚惠心，勿问之矣。惠我德，大得志也。

莫益之，偏辞[3]也。或击之，自外来也。

注释

①迁：改正。

②厚事：大事，胜任大事。

③偏辞：偏见之辞。

译文

《象传》说：风雷互相交助，象征增益。君子效此见善行便跟随，有过失便改正。

初始吉祥，没有灾害，因为在下不能胜任大事。

有时有增益，是从外部而来。

用于治理凶险的事，因为可以固守所增益的事物。

觐见公侯能够听从，因为增益的志向。

心怀诚信施惠万民的内心，不用贞问。万民心怀诚信施惠给我的德行，志向大获成功。

没人增益他，因为偏见之辞。有时攻击他，是从外部而来。

益卦的含义是损上益下。益卦卦辞称益卦时“利有攸往，利涉大川”，即盛赞益道美善可行。益卦六爻当中，下卦三爻主受益，上卦三爻主自损；初九爻阳刚处卑位而获益，宜有所作为，致元吉，无咎；六二爻柔中得正，被赐十朋之龟，应长守中正美德，以永贞为吉；六三爻不当位而受益，应不辞辛劳，努力施用于救凶平险之事则无咎，这三爻居下获益，均当有所施为，不可安逸无事；六四爻柔正居上卦之始，宜依附尊者行益下之道；九五爻刚中居尊，能够真诚施惠天下，遂获元吉，这两爻体现损己益人的旨意，表明施惠于人终将获人之益；唯上九爻极处高位，不能自损，反有损人利己，求益无厌的居心，所以有凶。

第四十三卦　夬䷪

经文

夬[1]，扬于王庭[2]，孚号有厉[3]。告自邑[4]，不利即戎[5]。利有攸往。

初九，壮于前趾，往不胜[6]为咎。

九二，惕号[7]，莫夜有戎[8]，勿恤。

九三，壮于頄[9]，有凶。君子夬夬独行[10]，遇雨若濡[11]，有愠[12]，无咎。

九四，臀无肤[13]，其行次且[14]。牵羊悔亡，闻言不信[15]。

九五，苋陆夬夬[16]，中行无咎。

上六，无号[17]，终有凶。

注释

①夬：读guài，决断。

②扬于王庭：在朝堂上宣布。扬：宣扬，宣布。

③孚号有厉：心怀诚信地呼号有凶险来到。号：呼号。

④告自邑：宣告自己城邑的人。告：宣告。

⑤即戎：立即兴兵。即：立即。戎：兵戎，兴兵。

⑥往不胜：前往不能得胜。

⑦惕号：惕惧呼号。

⑧莫夜有戎：黑夜有敌情。莫：读mù，暮夜。

⑨壮于頄：面部显示壮色。頄：读qiú，面部。

⑩夬夬独行：毅然独行。夬夬：决然的样子。

⑪遇雨若濡：遇到雨天被淋湿。濡：沾湿。

⑫有愠：有怒气。愠：读yùn，生气。

⑬臀无肤：臀部肉少。

⑭次且：读zī jū，趑趄，行动困难。

⑮闻言不信：听到而不信从。

⑯苋陆夬夬：山羊行动果决。苋：读xiàn，细角山羊。

⑰无号：不呼号，没有呼号。

译文

夬卦象征决断，在朝堂上宣布，心怀诚信地呼号有凶险来到。宣告自己城邑的人，不宜立即兴兵。宜有所前往。

初九，脚前趾强壮，前往不能得胜，有悔恨。

九二，惕惧呼号，黑夜有敌情，不用担忧。

九三，面部显示壮色，有凶险。君子毅然独自前去，遇到雨天被淋湿，有怒气，没有灾害。

九四，臀部肉少，行动趑趄困难。牵住羊，悔恨消亡，听到而不信从。

九五，山羊行动果决，持中守正行动没有灾害。

上九，没有呼号，终会有凶险。

传文

《彖》曰：夬，决也，刚决柔也。健而说，决而和。扬于王庭，柔乘五刚也。孚号有厉，其危乃光也。告自邑，不利即戎，所尚乃穷也。利有攸往，刚长乃终也。

译文

《彖传》说：夬，是决断的意思，阳刚决断制裁阴柔。刚健喜悦，果决和谐。在朝堂上宣布，因为阴柔乘凌五爻阳刚。心怀诚信地呼号有凶险来到，因为凶险已经很广大了。宣告自己城邑的人，不宜立即兴兵，因为崇尚的武力已经穷途末路。宜有所前往，因为阳刚盛长终会制裁阴柔。

《象》曰：泽上于天，夬。君子以施禄及下[①]，居德[②]则忌。

不胜而往，咎也。

有戎勿恤，得中道也。

君子夬夬，终无咎也。

其行次且，位不当也。闻言不信，聪不明也。

中行无咎，中未光也。

无号之凶，终不可长也。

注释

①施禄及下：施加厚禄给下民。及：给。

②居德：自居德行。居：自居，贪居。

译文

《象传》说：泽水升腾到天上，象征决断。君子效此施加厚禄给下民，自居德行会遭憎恶。

无法得胜而前往，有灾害。

有敌情，不用担忧，因为合宜适中。

君子毅然独自前去，终会没有灾害。

行动趑趄困难，因为处位不正适当。听到而不信从，因为不够聪明。

持中守正行动没有灾害，因为合宜适中之道还未光大。

没有呼号的凶险，终究不会长久。

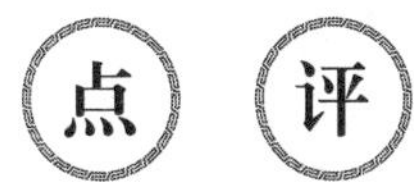

点评

夬卦的含义是果决，从阴阳矛盾激化的角度强调阳刚必须决断地制裁阴柔，君子应当决断地清除小人。夬卦卦辞揭示，君子决去小人首先应公正无私，宜在王庭宣判小人罪行，其次谕人戒惕，以诚信之心号令众人戒备小人，再次以德取胜，不宜滥用武力，而要通过颁告政令宣扬美德，使人诚服，如此则处夬必能利有攸往。夬卦六爻当中，上六一阴爻高居五阳爻之上，恰如小人得势，凌驾于君子之上，必会被决除，并且，六爻的阴阳爻对比悬殊，以五阳之刚制裁一阴，阳胜阴败，正存邪亡是必然结局。夬卦《彖传》所谓“刚长乃终”说的就是这层含义。夬卦爻辞还时时发出处夬艰难的诚意，初九爻诫不胜而往有灾，九二爻诫时刻警惕，九三爻诫刚壮过甚而有凶，九四爻诫刚决不足而难进，九五爻诫居中慎行而无咎。由此可见，五阳尽管十分强盛，但是，要彻底清除一阴，也非轻而易举，所以，需要不时提防戒备。

第四十四卦　姤䷫

经文

姤[①]，女壮[②]，勿用取女。

初六，系于金柅[③]，贞吉。有攸往，见凶，羸豕孚蹢躅[④]。

九二，包有鱼[⑤]，无咎，不利宾[⑥]。

九三，臀无肤，其行次且。厉，无大咎。

九四，包无鱼，起凶[⑦]。

九五，以杞包瓜[⑧]，含章[⑨]，有陨自天[⑩]。

上九，姤其角[⑪]，吝，无咎。

注释

①姤：读gòu，相遇。

②女壮：女子强壮。

③系于金柅：牵动车闸。系：牵引，牵动。柅：读nǐ，车闸。

④羸豕孚蹢躅：羸弱的猪浮躁徘徊。羸：读léi，羸弱，瘦弱。孚：浮躁。蹢躅：读zhí zhú，徘徊。

⑤包有鱼：厨房有鱼。包：读páo，厨房。

⑥不利宾：不宜招待宾客。宾：招待宾客。

⑦起凶：引起凶险。

⑧以杞包瓜：用杞树叶盛瓜。杞：读qǐ，杞树叶。

⑨含章：拥有美德。含：包含，蕴含。章：章美，美德。

⑩有陨自天：从天而降。陨：降落。

⑪姤其角：相遇在尽头。角：尽头。

译文

姤卦象征相遇，女子强壮，不要娶她。

初六，牵动车闸，守正吉祥。有所前往，会遇到凶险，羸弱的猪浮躁徘徊。

九二，厨房有鱼，没有灾害，不宜招待宾客。

九三，臀部肉少，行动趑趄困难。有凶险，没有大的灾害。

九四，厨房失去鱼，引起凶险。

九五，用杞树叶盛瓜，拥有美德，从天而降。

上九，相遇在尽头，有悔恨，没有灾害。

传文

《彖》曰：姤，遇也，柔遇刚也。勿用取女，不可与长也。天地相遇，品物咸章[①]也。刚遇中正，天下大行也。姤之时义大矣哉。

注释

①品物咸章：各类事物都显明彰著。品：品类。咸：都。

译文

《彖传》说：姤，是相遇的意思，阴柔遇到阳刚。不要娶她，因为不可与她长久相处。天地阴阳相遇，各类事物都显明彰著。阳刚遇到适中守正者，天下就大为通畅了。姤卦的意义多么宏大。

《象》曰：天下有风，姤，后以施命诰四方[①]。

系于金柅，柔道牵也。

包有鱼，义不及宾[②]也。

其行次且，行未牵也。

无鱼之凶，远民也。

九五含章，中正也。有陨自天，志不舍命[③]也。

姤其角，上穷吝也。

注释

①施命诰四方：发布命令布告天下四方。诰：布告。

②不及宾：不待宾客。

③不舍命：不违背天命。

译文

《象传》说：天下有风吹行，象征相遇。君王效此发布命令布告天下四方。

牵动车闸，是以阴柔之道牵引。

厨房有鱼，它的含义是不用来招待宾客。

行动趑趄困难，因为行动没有牵引。

失去鱼的凶险，因为远离民众。

九五爻拥有美德，因为合宜适中而端正。从天而降，因为志向不违背天命。

相遇在尽头，因为在上困穷悔恨。

姤卦阐明事物相遇的道理。姤卦卦辞所谓“女壮”，以初六爻一阴与九二爻至上九爻五阳相遇比作一女遇五男，所以戒人勿娶此女，由此可见，《周易》作者主张相遇之道必须合礼守正。姤卦六爻当中，初六爻一阴是全卦设诫的关键，初六爻应专一系应于九四爻，守正才有吉祥，倘若轻浮纵逸，邪媚求遇，就会有凶险；九二爻至上九爻五阳爻处相遇之时，主于严守正道，避防阴邪；九二爻刚中无咎；九三爻过刚而进止艰难，无所遇则无大咎；九四爻失遇于阴，不可强争；九五爻阳刚中正，暂未有遇，宜含藏章美以待贤人；上九爻居穷极，所遇无人，但未遭阴邪故无咎。显然，姤卦各爻情状说明的是不可盲目遇合不正之阴。

第四十五卦　萃䷬

经文

萃[1]，亨，王假有庙[2]。利见大人，亨利贞。用大牲[3]吉，利有攸往。

初六，有孚不终[4]，乃乱乃萃[5]。若号，一握为笑[6]。勿恤，往无咎。

六二，引吉[7]，无咎。孚乃利用禴[8]。

六三，萃如嗟如，无攸利。往无咎，小吝。

九四，大吉，无咎。

九五，萃有位[9]，无咎，匪孚。元永贞，悔亡。

上六，赍咨涕洟[10]，无咎。

注释

①萃：读cuì，会聚。

②王假有庙：君王以此保国。假：拼接。庙：宗庙，国家。

③大牲：大牲畜，重大祭祀典礼。

④有孚不终：心中诚信不能保持到底。

⑤乃乱乃萃：心思紊乱，妄与人聚。乱：混乱，紊乱。

⑥一握为笑：握手欢笑。

⑦引吉：受人牵引相聚吉祥。引：牵引，带领。

⑧利用禴：宜举行夏祀。禴：读yuè，夏季祭祀典礼。

⑨萃有位：会聚时享有尊位。有位：享有尊位。

⑩赍咨涕洟：哀叹痛哭。赍咨：读jī zī，叹息。涕：眼泪。洟：读yí，鼻涕。

译文

萃卦象征会聚，亨通，君王以此保国。宜拜见大人，亨通，宜守正。用大牲畜祭祀吉祥，宜有所前往。

初六，心中诚信不能保持到底，心思紊乱，妄与人聚。向上呼号，握手欢笑。不要担忧，前往没有灾害。

六二，受人牵引相聚吉祥，没有灾害。心怀诚信，宜举行夏祀。

六三，无人相聚叹息，无所宜。前往没有灾害，略有悔恨。

九四，大吉祥，没有灾害。

九五，会聚时享有尊位，没有灾害，不能得到信任。初始长久守正，悔恨消亡。

上六，哀叹痛哭，没有灾害。

传文

《彖》曰：萃，聚也。顺以说，刚中而应，故聚也。王假有庙，致孝享也。利见大人亨，聚以正也。用大牲吉，利有攸往，顺天命也。观其所聚，而天地万物之情可见矣。

译文

《彖传》说：萃，是会聚的意思。顺从喜悦，阳刚合宜适中而有应，所以称为会聚。君王以此保国，因为奉行了对祖宗的祭祀。宜拜见大人亨通，因为以贞正的德行会聚。用大牲畜祭祀吉祥，宜有所前往，因为顺从天命。观察所会聚的德行，天地万物的情状就可以显现了。

《象》曰：泽上于地，萃，君子以除戎器①，戒不虞②。

乃乱乃萃，其志乱也。

引吉无咎，中未变也。

往无咎，上巽也。

大吉无咎，位不当也。

萃有位，志未光也。

赍咨涕洟，未安上也。

注释

①除戎器：修治兵器。除：修治。

②不虞：意外灾害。

译文

《象传》说：泽水汇流在地上，象征会聚。君子效此修治兵器，戒备意外灾害。

心思紊乱，妄与人聚，因为志向混乱。

受人牵引相聚吉祥，没有灾害，因为合宜适中没有改变。

前往没有灾害，因为向上逊顺。

大吉祥，没有灾害，因为处位不适当。

会聚时享有尊位，因为志向还未光大。

哀叹痛哭，因为在上不能安居。

点评

萃卦阐发事物会聚的道理，全卦以人与人的相聚为喻。萃卦卦辞拟象于祭祀，说明君王、大人应用美德、正道聚合人神，会通上下，达到亨通畅达的局面。萃卦《彖传》“聚以正”说的就是这层含义。萃卦六爻当中，初六爻、六二爻、六三爻、上六爻四阴主于求聚于人，其中初六爻位卑不可妄聚，应专一诚信求应；六二爻柔顺中正，宜受牵引得聚；六三爻失正无应，能近比阳刚则可往聚，唯上六爻穷居萃卦之极，欲聚无门。至于九四爻、九五爻两阳，都主于获人来聚；九四爻不当位而获三阴之聚，有吉无咎；九五爻虽居尊位，但尚未取信于众，当永久守正，然后悔恨消亡。

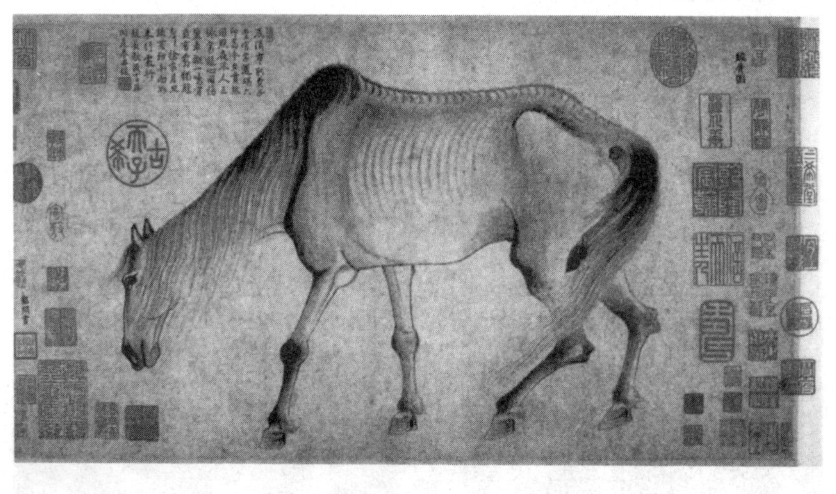

第四十六卦　升䷭

经文

升[1]，元亨，用见大人，勿恤，南征吉。

初六，允升[2]，大吉。

九二，孚乃利用禴，无咎。

九三，升虚邑[3]。

六四，王用亨于岐山[4]，吉，无咎。

六五，贞吉，升阶[5]。

上六，冥升[6]，利于不息之贞[7]。

注释

①升：上升，登高。

②允升：心怀诚信上升。允：信，心怀诚信。

③升虚邑：登上高丘城邑。虚：高丘。

④用亨于岐山：在岐山祭祀。亨：祭祀。

⑤升阶：登阶而上。

⑥冥升：昏昧上升。冥：昏冥。

⑦不息之贞：不停地守正。息：停止。

译文

升卦象征上升，初始亨通，用以拜见大人，不要担忧，往南行吉祥。

初六，心怀诚信上升，大吉祥。

九二，心怀诚信，宜举行夏祀，没有灾害。

九三，登上高丘城邑。

六四，君王在岐山祭祀，吉祥，没有灾害。

六五，守正吉祥，登阶而上。

上六，昏昧上升，宜不停守正。

传文

《彖》曰：柔以时升，巽而顺，刚中而应，是以大亨。用见大人，勿恤，有庆也。南征吉，志行也。

译文

《彖传》说：阴柔因时而升，巽逊而顺从，阳刚合宜适中而有应，所以得大亨通。用以拜见大人，不要担忧，因为有吉庆。往南行吉祥，因为志向得以推行。

《象》曰：地中生木，升，君子以顺德[①]，积小以高大。

允升大吉，上合志也。

九二之孚，有喜也。

升虚邑，无所疑也。

王用亨于岐山，顺事[②]也。

贞吉升阶，大得志也。

冥升在上，消不富也。

注释

①顺德：顺应德行。

②顺事：顺应成就大事。

译文

《象传》说：地中生出树木，象征上升。君子效此顺应德行，积累小善成就宏大功业。

心怀诚信上升，大吉祥，因为与上位志向相通。

九二爻诚信，因为有喜事。

登上高丘城邑，因为无所疑虑。

君王在岐山祭祀，因为顺应成就大事。

守正吉祥，登阶而上，因为志向得到广大施行。

在上昏昧上升，消亡不会富有。

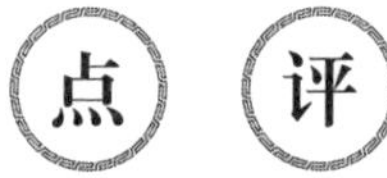

升卦阐发事物顺势上升，积小成大的道理。升卦卦辞赞誉上升之时至为亨通，强调拜见大人，然后顺畅无忧地上升，并趋赴光明获得吉祥。升卦六爻反映了顺势求升的各种情状；初六爻柔顺上承二阳，阴阳合志宜升，九二爻以刚中顺应柔中，心存诚信必升；九三爻阳刚和逊，顺升无碍；六四爻柔正顺从尊者，必获升得吉；六五爻柔中应下，如历阶直上；唯上六爻昏昧妄升，应以守正不妄动为戒。由此可见，升卦旨意主于顺性上升，遵循自然规律。

第四十七卦　困䷮

经文

困[①]，亨。贞，大人吉，无咎。有言不信[②]。

初六，臀困于株木[③]，入于幽谷[④]，三岁不觌[⑤]。

九二，困于酒食，朱绂方来[⑥]，利用享祀。征凶，无咎。

六三，困于石，据于蒺藜[⑦]，入于其宫，不见其妻，凶。

九四，来徐徐[⑧]，困于金车[⑨]，吝，有终。

九五，劓刖[⑩]，困于赤绂，乃徐有说，利用祭祀。

上六，困于葛藟[⑪]，于臲卼[⑫]。曰动悔有悔[⑬]，征吉。

注释

①困：困穷。

②有言不信：闲言不被相信。言：闲言。

③臀困于株木：困坐在树上。

④幽谷：幽暗的山谷。

⑤三岁不觌：多年不与人相见。三岁：多年。觌：读dí，相见。

⑥朱绂方来：红色祭服刚被送来。绂：读fú，祭祀服装。方：刚。

⑦蒺藜：读jí lí，一种长刺的草。

⑧来徐徐：缓缓到来。

⑨金车：华美的车。

⑩劓刖：割鼻断足的刑罚。劓：读yì，割鼻的刑罚。刖：读yuè，断足的刑罚。

⑪葛藟：读gě lěi，一种藤蔓植物。

⑫臲卼：读niè wù，动摇不安的样子。

⑬动悔有悔：妄自后悔，就有悔恨。动悔：妄自后悔。

译文

困卦象征困穷，亨通。守正，大人吉祥，没有灾害。闲言不被相信。

初六，困坐在树上，进入幽暗的山谷，多年不与人相见。

九二，被酒食宴饮困阻，红色祭服刚被送来，宜用以祭祀。征伐有凶险，没有灾害。

六三，被石头困阻，在蒺藜上前进，进入宫室，看不到妻子，有凶险。

九四，缓缓到来，被华车困阻，有悔恨，终会有好结果。

九五，割鼻断足，被红色祭服困阻，缓缓脱下，宜用以祭祀。

上六，被葛藟草困阻，动摇不安。妄自后悔，就有悔恨，前进吉祥。

传文

《彖》曰：困，刚揜[①]也。险以说，因而不失其所亨，其唯君子乎。贞，大人吉，以刚中也。有言不信，尚口乃穷也。

注释

①揜：读yǎn，掩蔽。

译文

《彖传》说：困卦，阳刚被掩蔽。身处凶险而喜悦，困穷而不失亨通之道，恐怕只有君子能做到吧。守正，大人吉祥，因为阳刚合宜适中。闲言不被相信，因为崇尚言辞会导致困穷。

《象》曰：泽无水，困，君子以致命遂志[1]。

入于幽谷，幽不明也。

困于酒食，中有庆也。

据于蒺藜，乘刚也。入于其宫，不见其妻，不祥也。

来徐徐，志在下也。虽不当位，有与也。

劓刖，志未得也。乃徐有说，以中直也。利用祭祀，受福也。

困于葛藟，未当也。动悔有悔，吉行也。

注释

①致命遂志：舍弃性命实现志向。遂志：实现志向。

译文

《象传》说：水泽中没有水，象征困穷。君子效此舍弃性命实现志向。

进入幽暗的山谷，幽暗不明。

被酒食宴饮困阻，合宜适中而吉庆。

被石头困阻，在蒺藜上前进，因为阴柔乘凌阳刚。进入宫室，看不到妻子，是不吉祥的事。

缓缓到来，也为志向在应和下位。尽管处位不适当，还有帮助。

割鼻断足，因为志向没有得到施行。缓缓脱下，因为适中正直。宜用以祭祀，因为会受到福祉。

被葛藟草困阻，因为处位不适当。妄自后悔，就有悔恨，因为行动吉祥。

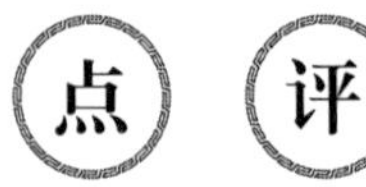

点评

困卦阐发身处困穷的道理。困卦卦辞极力说明只有君子、大人才能在身当困境时依然亨通，吉祥，无咎。困卦《彖传》用“刚揜”两字揭示导致困穷的根本原因在于阳刚被掩蔽，君子被小人压制。困卦六爻说明身处困卦的不同情状，其中初六爻、六三爻、上六爻三阴阴柔懦弱，深陷困穷；初六爻困穷不能自拔；六三爻困非其所，据非其地，难免凶危，唯上六爻当困极将通之时，及早悔悟，则可解困获吉；九二爻、九四爻、九五爻三阳虽在困中，但都以能守正脱困；九二爻、九五爻有刚中之德，在困穷艰难时舍身遂志而获无咎，以诚信中正之志转危为安，渐脱困境；九四爻前路受困阻，谨慎缓行也能得到善终。

第四十八卦　井䷯

经文

井[①]，改邑不改井[②]，无丧无得，往来井井[③]。汔至亦未繘井[④]，羸其瓶[⑤]，凶。

初六，井泥[⑥]不食。旧井无禽[⑦]。

九二，井谷[⑧]射鲋[⑨]，瓮敝漏[⑩]。

九三，井渫[⑪]不食，为我心恻[⑫]，可用汲，王明[⑬]并受其福。

六四，井甃[⑭]，无咎。

九五，井洌[⑮]，寒泉食。

上六，井收勿幕[⑯]，有孚元吉。

注释

①井：水井，也是一种社会组织单位，古人八家合为一井，四井合为一邑。

②改邑不改井：村邑迁移，井不会移动。改：迁移。

③往来井井：来来往往的人从井中汲水。

④汔至亦未繘井：水桶接近井口。绳子还没拉起来。汔：读qì，接近。繘：读jú，井中汲水的绳。

⑤羸其瓶：水桶被缠住。羸：读léi，缠住。瓶：汲水的水桶。

⑥井泥：井底淤积。

⑦旧井无禽：废井没有飞鸟前来饮水。旧井：废井。

⑧井谷：井底。

⑨射鲋：射鱼。鲋：读fù，鲫鱼。

⑩瓮敝漏：瓮罐破漏。

⑪井渫：井水清理。渫：读xiè，清理。

⑫为我心恻：使我心中悲切。恻：悲切。

⑬王明：君王圣明。

⑭井甃：水井砌修。甃：读zhòu，砌修，修治。

⑮井洌，井水洌清。洌：读liè，清澈。

⑯井收勿幕：井水取上后，不要覆盖。幕：覆盖，加盖。

译文

井卦象征水井，村邑迁移，井不会移动，没有失去没有得到，来来往往的人从井中汲水。水桶接近井口。绳子还没拉起来，水桶被缠住，有凶险。

初六，井底淤积沉积，井水不能饮用。废井没有飞鸟前来饮水。

九二，在井底射鱼，瓮罐破漏。

九三，井水清理后还不被饮用，使我心中悲切，可从井中汲水，君王圣明臣民都受福祉。

六四，水井砌修，没有灾害。

九五，井水洌清，洁净的井水可以饮用。

上六，井水取上后，不要覆盖，心怀诚信初始吉祥。

传文

《象》曰：巽乎水而上水，井，井养而不穷也。改邑不改井，乃以刚中也。汔至亦未繘井，未有功也。羸其瓶，是以凶也。

译文

《象传》说：以木引水而上，就是井，井水供养人而不穷尽。村邑迁移，井不会移动，因为阳刚合宜适中。汲水时水桶接近井口。绳子还没拉起来，没有发挥井的功用。水桶被缠住，所以有凶险。

《象》曰：木上有水，井。君子以劳民劝相[1]。

井泥不食，下也。旧井无禽，时舍也。

井谷射鲋，无與[2]也。

井渫不食，行恻[3]也。求王明，受福也。

井甃无咎，修井也。

寒泉之食，中正也。

元吉在上，大成也。

注释

①劳民劝相：劝慰万民劳作而互相滋养。劝：劝慰。

②无與：没有应助。

③行恻：行为令人悲切。恻：读cè，令人悲切。

译文

《象传》说：树木上有水，象征水井。君子效此劝慰万民劳作而互相滋养。

井底淤积沉积，井水不能饮用，因为处位在下。废井没有飞鸟前来饮水，因为过时被舍弃。

在井底射鱼，没有应助。

井水清理后还不被饮用，行为令人悲切。祈求君王圣明，因为臣民会受福祉。

水井砌修，没有灾害，因为井被修治。

洁净的井水可以饮用，因为合宜适中而端正。

在上初始吉祥，因为功业获得广大成就。

点评

井卦说明水井养人的种种德行，比喻君子应当修美自身，惠物无穷的道理。井卦卦辞一方面赞誉水井定居不移，不盈不竭，能够反复使用的特性，表现出守恒不渝、大公无私的君子形象；另一方面告诫汲水者当水将出井口时，若倾覆水瓶将有凶险，暗示修德惠人者要善始善终，不可功败垂成。井卦六爻从阴阳情状看，九二爻、九三爻、九五爻三阳像井水，初六爻、六四爻、上六爻三阴像井本身。从井卦六爻的井德来看，初六爻、六四爻两阴说的是井有弊当修治；九二爻、九三爻两阳说的是井水可汲当汲，无人汲水时会被枉作射鱼之用；九五爻、上六爻一阳一阴，前者说水洁味甘，人所共食，后者说井功大成，施用无穷。井卦全卦的旨意，在于强调修身与养人两端。

第四十九卦　革䷰

经文

革[1]，已日乃孚②，元亨，利贞，悔亡。

初九，巩用黄牛之革[3]。

六二，已日乃革之，征吉，无咎。

九三，征凶，贞厉，革言三就[4]，有孚。

九四，悔亡，有孚改命[5]，吉。

九五，大人虎变[6]，未占有孚[7]。

上六，君子豹变[8]，小人革面[9]。征凶，居贞吉。

注释

①革：变革。

②已日乃孚：在已日变革得到信任。已日：天干十日中已经过半，象征盛极而衰的时刻。

③巩用黄牛之革：用黄牛皮加固绑缚。巩：巩固，加固。

④革言三就：变革的事再三议论，然后行动。言：讨论。三：再三，多次。就：成就。

⑤改命：改变天命。

⑥大人虎变：大人像猛虎一样变革。虎：像猛虎一样威猛。

⑦未占有孚：不必贞问便知心有诚信。占：占筮，贞问。

⑧君子豹变：君子像猎豹一样变革。豹：像猎豹一样迅猛。

⑨小人革面：小人改变处世面貌。

译文

革卦象征变革，在已日变革得到信任，初始吉祥，宜守正，悔恨消亡。

初九，用黄牛皮加固绑缚。

六二，在已日变革，前往吉祥，没有灾害。

九三，前往有凶险，守正以防凶险，变革的事再三议论，然后行动，心怀诚信。

九四，悔恨消亡，心怀诚信改变天命，吉祥。

九五，大人像猛虎一样变革，不必贞问便知心有诚信。

上六，君子像猎豹一样变革，小人改变处世面貌。前往有凶险，安居守正吉祥。

传文

《彖》曰：革，水火相息。二女同居，其志不相得，曰革。已日乃孚，革而信之。文明以说，大亨以正，革而当，其悔乃亡。天地革而四时成，汤武革命，顺乎天而应乎人。革之时大矣哉。

译文

《彖传》说：变革，就是水火相长交互变革。二女同住，心志不相通，所以称为革。在已日变革得到信任，变革使人相信。文明而喜悦，大亨通而守正，变革得当，悔恨消亡。天地变革而四季形成，成汤、武王施行革命，顺应天时而应和人心。革卦的意义多么宏大

《象》曰：泽中有火，革。君子以治历[①]明时[②]。

巩用黄牛，不可以有为也。

已日革之，行有嘉也。

革言三就，又何之矣？

改命之吉，信志也。

大人虎变，其文炳[③]也。

君子豹变，其文蔚[④]也。小人革面，顺以从君也。

注释

①治历：修正历法。

②明时：辨明时令。

③炳：彪炳。

④蔚：蔚然，盛大。

译文

水泽中有火焰，象征变革。君子效此修正历法辨明时令。

用黄牛皮加固绑缚，因为不可有所作为。

在已日变革，因为行动会获得嘉赏。

变革的事再三议论，然后行动，会怎么样？

改变天命的吉祥，因为信从志向。

大人像猛虎一样变革，因为德行彪炳。

君子像猎豹一样变革，因为德行蔚然成彩。小人改变处世面貌，因为顺应随从君王。

革卦阐发变革的道理。革卦卦辞强调变革成功的两大要素，首先是把握时机，断然推行变革，其次是存诚守正，遵循正道，以诚信之心取信于人。革卦《彖传》所谓“汤武革命，顺乎天而应乎人”，就是用实际史例来说明上述两义，顺天就是顺应变革之机，应人就是获人信从。革卦六爻表现了事物变革的发展过程，体现《周易》作者对变革规律的深刻认识，初九爻阳微位卑，时机未可变革，须固守常制；六二爻柔中有应，时机将变当断然行动；九三爻变革有所小成，但不可激进；九四爻以刚处柔，变革将成；九五爻阳刚中正，信德昭彰；上六爻助成革命，应安守成果。

第五十卦 鼎䷱

经文

鼎[①]，元吉，亨。

初六，鼎颠趾[②]，利出否[③]。得妾以其子[④]，无咎。

九二，鼎有实[⑤]，我仇有疾[⑥]，不我能即[⑦]，吉。

九三，鼎耳革[⑧]，其行塞[⑨]，雉膏[⑩]不食。方雨亏悔[⑪]，终吉。

九四，鼎折足，覆公餗[⑫]，其形渥[⑬]，凶。

六五，鼎黄耳金铉，利贞。

上九，鼎玉铉，大吉，无不利。

注释

①鼎：鼎器，一种烹饪用器。

②颠趾：颠倒鼎足。

③利出否：宜倒出不好的东西。

④得妾以其子：娶妾生子。

⑤鼎有实：鼎中装满食物。实：充实。

⑥我仇有疾：我的配偶有疾病。仇：读qiú，配偶。疾：疾病。

⑦不我能即：不能接近我。即：接近。

⑧鼎耳革：鼎耳变形。

⑨其行塞：行动受困阻。塞：阻塞，困阻。

⑩雉膏：美味的鸡汤。

⑪方雨亏悔：刚下完雨，悔恨减少。方：刚。亏：减少。

⑫覆公餗：公侯的粥汤被倾倒。覆：倾倒。餗：读sù，粥汤。

⑬其形渥：沾濡鼎身。渥：读wò，沾濡。

译文

鼎卦象征鼎器，初始吉祥，亨通。

初六，鼎颠倒鼎足，宜倒出不好的东西。娶妾生子，没有灾害。

九二，鼎中装满食物，我的配偶有疾病，不能接近我，吉祥。

九三，鼎耳变形，行动受困阻，美味的鸡汤不能食用。刚下完雨，悔恨减少，终会吉祥。

九四，鼎足折断，公侯的粥汤被倾倒，沾濡了鼎身，有凶险。

六五，鼎有黄色鼎耳、金色鼎杠，宜守正。

上九，鼎有玉质鼎杠，大吉祥，无不宜。

传文

《彖》曰：鼎，象也，以木巽火，亨饪也。圣人亨以享上帝，而大亨以养圣贤。巽而耳目聪明，柔进而上行，得中而应乎刚，是以元亨。

译文

《彖传》说：鼎卦，就是鼎器的物象，用木生火，就是烹饪。圣人烹饪食物祭祀上帝，隆重烹饪供养圣贤。逊顺而耳聪目明，阴柔进长向上，合宜适中而应于阳刚，所以初始亨通。

《象》曰：木上有火，鼎，君子以正位[①]凝命[②]。

鼎颠趾，未悖也。利出否，以从贵也。

鼎有实，慎所之也。我仇有疾，终无尤也。

鼎耳革，失其义也。

覆公餗，信如何也。

鼎黄耳，中以为实也。

玉铉在上，刚柔节也。

注释

①正位：端正位置。

②凝命：严守使命。

译文

《象传》说：树木上有火焰，象征鼎器。君子效此端正位置严守使命。

鼎颠倒鼎足，因为还不违背常理。宜倒出不好的东西，以此顺从尊贵。

鼎中装满食物，因为要谨慎搬动。我的配偶有疾病，终会没有幽怨。

鼎耳变形，因为失去它本有的含义。

公侯的粥汤被倾倒，怎么值得信任？

鼎有黄色鼎耳，因为合宜适中以此厚实。

鼎上部有玉杠，因为阴阳刚柔相互调节。

点评

鼎卦借鼎器烹任食物，化生为熟的功用比喻事物调剂成新的道理。鼎卦六爻各取鼎器的某一部位为喻，说明任事的不同情状，六爻当中言吉祥的居多，初六爻阴柔在下，以颠倒鼎脚，清除废物说明无咎；九二爻以鼎中有实说明谨慎处事，不使充溢可以吉祥；九三爻以鼎耳变形，鼎用受碍说明调和阴阳终有吉祥；六五爻、上九爻两阳则佳美尤甚；六五爻为一卦掌鼎之主，宜守正，后者鼎用大成，大吉无不宜；全卦唯九四爻不称职权，以折足、覆悚寓诫，最为深刻。

第五十一卦　震䷲

经文

震[1]，亨。震来虩虩[2]，笑言哑哑[3]，震惊百里，不丧匕鬯[4]。

初九，震来虩虩，后笑言哑哑，吉。

六二，震来[5]，厉。亿丧贝[6]，跻于九陵[7]，勿逐，七日得。

六三，震苏苏[8]，震行无眚[9]。

九四，震遂泥[10]。

六五，震往来厉，亿无丧，有事。

上六，震索索[11]，视矍矍[12]，征凶。震不于其躬，于其邻，无咎。婚媾有言。

注释

①震：雷电，引申为震动。

②震来虩虩：雷电袭来令人震颤。虩：读xì，恐惧震颤的样子。

③笑言哑哑：谈笑自如。哑哑：笑声。

④不丧匕鬯：不洒落匙中美酒。丧：丧失，失去。匕：匙。鬯：读chàng，一种祭祀用的酒。

⑤震来：雷电袭来。

⑥亿丧贝：丧失巨大财货。亿：巨大，居多。贝：古代货币，财货。

⑦跻于九陵：登上高山。跻：登上。九陵：九重山陵，高山。

⑧震苏苏：雷电令人不安。苏苏，恐惧不安的样子。

⑨震行先眚：在打雷天行走没有灾害。先眚：先于灾害，没有灾害。

⑩震遂泥：打雷天陷入泥潭。遂：坠落。

⑪震索索：雷电令人畏惧。索索：恐惧不安的样子。

⑫视矍矍：电光令人不敢正视。矍：读jué，不敢正视。

译文

震卦象征雷声震动，亨通。雷电袭来令人震颤，却谈笑自如，雷声惊动百里，却没洒落匙中美酒。

初九，雷电袭来令人震颤，过后谈知自如，吉祥。

六二，雷电袭来，有凶险。丧失巨大财货，登上高山，不要追赶，七天后会有所得。

六三，雷电令人不安，在打雷天行走没有灾害。

九四，打雷天陷入泥潭。

六五，打雷天往来有凶险，没有巨大损失，有事发生。

上九，雷电令人畏惧，电光令人不敢正视，前往有凶险。雷电没打到身上，打到旁人，没有灾害。婚配有闲言。

传文

《象》曰：震，亨。震来虩虩，恐致福也。笑言哑哑，后有则也。震惊百里，惊远而惧迩也。出，可以守宗庙社稷，以为祭主也。

译文

《彖传》说：雷声震动，亨通。雷电袭来令人震颤，因为恐惧谨慎会招致福祉。谈笑自如，因为恐惧谨慎后不失法度。雷声惊动百里，震惊远方而畏惧近旁。外出可以守卫宗庙社稷，成为祭礼的主祭人。

《象》曰：洊雷[1]，震，君子以恐惧修省。

震来虩虩，恐致福也。笑言哑哑，后有则也。

震来厉，乘刚也。

震苏苏，位不当也。

震遂泥，未光也。

震往来厉，危行也。其事在中，大无丧也。

震索索，中未得也。虽凶无咎，畏邻戒也。

注释

①洊雷：雷声叠连。洊：读jiàn，接连。

译文

《象传》说：雷声叠连，象征声威震动。君子效此惕惧修省自身德行。

雷电袭来令人震颤，因为惕惧招致福祉。雷声过后谈知自如，因为惕惧过便有法度。

雷电袭来有凶险，因为阴柔乘凌阳刚。

雷电令人不安，因为处位不适当。

打雷天陷入泥潭，因为德行还未光大。

打雷天往来有凶险，是凶险的行动。处事合宜适中，就万无一失。

雷电令人畏惧，因为还未掌握适中之道。尽管有凶险而终会没有灾害，因为惕惧近邻遭遇的凶险而有所戒备。

震卦取象于雷动威盛，阐发震惧可致亨通的道理。震卦卦辞先说雷声震动，万物畏惧，于是慎行获福，笑语声声，再说君王教令震惊百里，遂致万方警惧，社稷长存。震卦《象传》用“恐惧修省”四字概括震卦全卦旨意，揭示“惶恐惊惧”与“修身省过”的内在联系。震卦六爻分别喻示处震的不同情状，初九爻阳刚在下，知惧致福；六二爻因危守中，失贝复得；六三爻惶惶未安，慎行免祸；六五爻柔中危行，善保尊位。以上四爻中均见惕惧修德之功，所以多吉无害，唯九四爻陷于阴中，惧而不能振奋，难以自拔；上六爻惧极有凶，若预先戒备，亦可无咎。由此可见，震卦旨意是建立在震惧基础上的，谨慎前行，开拓亨通局面，寓含处危而后安的道理。

第五十二卦　艮䷳

经文

艮[1]，艮其背[2]，不获其身[3]，行其庭，不见其人，无咎。

初六，艮其趾[4]，无咎，利永贞。

六二，艮其腓[5]，不拯其随[6]，其心不快[7]。

九三，艮其限[8]，列其夤[9]，厉熏心[10]。

六四，艮其身，无咎。

六五，艮其辅[11]，言有序[12]，悔亡。

上九，敦艮[13]，吉。

注释

①艮：抑止。

②艮其背：抑止背部，背部不能动。

③不获其身：身体不能行动。

④艮其趾：抑止脚趾，脚趾不能动。

⑤艮其腓：抑止小腿，小腿不能动。腓：读féi，小腿。

⑥不拯其随：不能举步前去跟随。拯：举步。随：跟随。

⑦其心不快：心中不畅快。

⑧艮其限：抑止腰部，腰部不能动。限：腰部。

⑨列其夤：脊背肉被撕裂。列：裂开，撕裂。夤：读yín，脊背肉。

⑩厉熏心：有凶险熏灼内心，心急如焚。厉：凶险。熏：熏灼。

⑪艮其辅：抑止面颊。辅：面颊。

⑫言有序：说话有条理。序：有序，有条理。

⑬敦艮：敦厚抑止。敦：敦厚。

译文

艮卦象征抑止，抑止背部，身体不能行动，在庭院中行走，见不到人，没有灾害。

初六，抑止脚趾，没有灾害，宜永远守正。

六二，抑止小腿，不能举步前去跟随，心中不畅快。

九三，抑止腰部，脊背肉被撕裂，有凶险熏灼内心。

六四，抑止上身，没有灾害。

六五，抑止面颊，说话有条理，悔恨消亡。

上九，敦厚抑止，吉祥。

传文

《彖》曰：艮，止也。时止则止，时行则行。动静不失其时，其道光明。艮其止，止其所也。上下敌应，不相与也，是以不获其身，行其庭不见其人，无咎也。

译文

《彖传》说：艮，是抑止的意思。应该抑止时就抑止，应该行动时就行动。行动与抑止不失时机，德行就光明璀璨。艮所说的抑止，是抑止应当抑制的事物。上下敌对不相应，不相交，所以身体不能行动，在庭院中行走，见不到人，没有灾害。

《象》曰：兼山，艮，君子以思不出其位①。

艮其趾，未失正也。

不拯其随，未退听也。

艮其限，危熏心[②]也。

艮其身，止诸躬[③]也。

艮其辅，以中正也。

敦艮之吉，以厚终也。

注释

①不出其位：不超越本位。

②熏心：熏灼内心。

③止诸躬：抑止自身。躬：自身。

译文

《象传》说：两山叠连，象征抑止。君子效此思谋不超越本位。

抑止脚趾，因为没有失去守正之道。

不能举步前去跟随，因为没有退步听从。

抑止腰部，因为有凶险熏灼内心。

抑止上身，因为能抑止自身。

抑止面颊，因为适中守正。

敦厚抑止的吉祥，因为保持厚实终结。

艮卦说是抑止的意思，阐发抑止邪欲的道理。卦辞申明抑止背部之旨，说明止邪的最佳方式是隔绝邪欲，心不乱而邪自止。艮卦六爻

分别取象于人体各部位，从不同角度揭示抑止或得或失的情状，六二爻如小腿当行而不得行，九三爻如腰部当动而不能动，都属于施止不当，初六爻止于趾动之前，六四爻自止其身，六五爻慎止口舌，上九爻敦厚于止，都属于施止妥善。艮卦《象传》所谓“时止则止，时行则行”说明行、止的内部联系，六五爻“止其辅”导致“言有序”，就是以止求行。因此，尽管艮卦说的是抑止，但抑止的目的却在于保持正确的行，含有行正必先抑止的道理，艮卦《象传》所谓“思不出其位”，就是把抑止当作进取的前提。

第五十三卦 渐䷴

经文

渐[1]，女归[2]吉，利贞。

初六，鸿渐于干[3]。小子厉，有言，无咎。

六二，鸿渐于磐，饮食衎衎[4]，吉。

九三，鸿渐于陆[5]，夫征不复[6]，妇孕不育[7]，凶。利御寇。

六四，鸿渐于木，或得其桷[8]，无咎。

九五，鸿渐于陵[9]，妇三岁不孕，终莫之胜[10]，吉。

上九，鸿渐于陆，其羽可用为仪[11]，吉。

注释

①渐：渐进。

②女归：女子出嫁。归：出嫁。

③鸿渐于干：鸿雁渐飞到水岸。鸿：鸿雁，一种鸟类。干：水岸。

④饮食衎衎：饮食欢乐。衎：读kàn，欢乐的样子。

⑤鸿渐于陆：鸿雁渐飞到高地。陆：高地。

⑥夫征不复：男子出征不回。夫：男子，指丈夫。征：出征。

⑦妇孕不育：妇人有孕不生育。孕：有孕，怀孕。育：生育。

⑧得其桷：停在枝上。桷：读júe，树枝，枝头。

⑨鸿渐于陵：鸿雁渐飞到山陵。陵：山陵，高山。

⑩终莫之胜：终不得胜。莫：没有，不。

⑪用为仪：用于装饰。仪：装饰。

译文

渐卦象征渐进，女子出嫁吉祥，宜守正。

初六，鸿雁渐飞到水岸。小子有凶险，有闲言，没有灾害。

六二，鸿雁渐飞到磐石上，饮食欢乐，吉祥。

九三，鸿雁渐飞到高地，男子出征不回，妇人有孕不生育，有凶险。宜防备贼寇。

六四，鸿雁渐飞到树上，有时停在枝上，没有灾害。

九五，鸿雁渐飞到山陵，妇人多年不怀孕，终不得胜，吉祥。

上九，大雁渐飞到高地，它的羽毛可用于装饰，吉祥。

传文

《彖》曰：渐之进也，女归吉也。进得位，往有功也。进以正，可以正邦也。其位，刚得中也。止而巽，动不穷也。

译文

《彖传》说：渐渐前进，女子出嫁吉祥。前进获得适当的处位，前往可获得成功。守正前进，可以正定邦国。它的处位阳刚合宜适中。抑止而逊顺，行动不会穷困。

《象》曰：山上有木，渐。君子以居贤德[①]善俗[②]。

小子之厉，义无咎也。

饮食衎衎[③]，不素饱[④]也。

夫征不复，离群丑[⑤]也。妇孕不育，失其道也。利用御寇，顺相保也。

或得其桷，顺以巽也。

终莫之胜吉，得所愿也。

其羽可用为仪，吉，不可乱也。

注释

①居贤德：积聚贤良德行。

②善俗：改善习俗。

③饮食衎衎：饮食欢乐。衎：读kàn，欢乐的样子。

④素饱：空饱，仅仅为了饱腹。素：空，白。

⑤群丑：类群。丑：类。

译文

《象传》说：山上有树木，象征渐进。君子效此积聚贤良德行，改善习俗。

小子有凶险，它的含义是没有灾害。

饮食欢乐，因为不仅仅为了饱腹。

男子出征不回，因为远离类群。妇人有孕不生育，因为失去常理。宜防备贼寇，因为顺应常理互相保护。

鸿雁有时停在枝上，因为逊顺。

终不得胜，因为实现了意愿。

它的羽毛可用于装饰，吉祥，因为不可混乱志向。

渐卦阐发事物发展过程中循序渐进的道理。渐卦卦辞以“女子出嫁”说明礼备而后渐行。渐卦六爻以鸿鸟飞行为喻，从初六爻

至上九爻，鸿飞所历，为水岸、磐石、高地、树木、山陵、高山，由低渐高，由近渐远，各爻立义，均主于守正渐行，因此多吉、无咎。渐卦九三爻虽过刚有凶，但谨慎而行，可以化害为利；至上九爻位穷而用无穷，积渐大成。

第五十四卦　归妹䷵

经文

归妹[1]，征凶，无攸利。

初九，归妹以娣[2]，跛能履[3]，征吉。

九二，眇能视[4]，利幽人[5]之贞。

六三，归妹以须[6]，反归以娣[7]。

九四，归妹愆期[8]，迟归有时。

六五，帝乙归妹，其君之袂[9]，不如其娣之袂良。月几望[10]，吉。

上六，女承筐无实[11]，士刲羊[12]无血，无攸利。

注释

①归妹：少女出嫁。归：出嫁。妹：少女。

②归妹以娣：少女出嫁，以妹妹陪嫁。娣：读dì，妹妹。

③跛能履：跛足而能行走。跛：跛足。

④眇能视：眼盲而能看见。眇：读miǎo，眼盲。

⑤幽人：幽静安恬的人。

⑥归妹以须：少女出嫁，姐姐陪嫁。须：媭，姐姐。

⑦反归以娣：返回来以妹妹陪嫁。反：返回。

⑧愆期：延期。愆：读qiān，延误。

⑨袂：读mèi，衣袖，服饰。

⑩月几望：月将圆，每月十六日为既望。几：将，近。

⑪承筐无实：捧着箩筐没有实物。承：捧着。实：充实，实物。

⑫士刲羊：男子刺羊。士：年轻男子。刲：读kuí，割，刺，一种婚礼中的礼仪。

译文

归妹卦象征少女出嫁，前往有凶险，无所宜。

初九，少女出嫁，以妹妹陪嫁，跛足还能行走，前往吉祥。

九二，眼盲还能看见，幽静安恬的人宜守正。

六三，少女出嫁，姐姐陪嫁，陪嫁返回，以妹妹陪嫁。

九四，少女出嫁延期，迟嫁等待时机。

六五，帝乙嫁出少女，正室的衣饰不如陪嫁精美。月将圆时吉祥。

上六，少女捧着箩筐没有实物，男子刺羊没有出血，无所宜。

传文

《彖》曰：归妹，天地之大义也。天地不交，而万物不兴。归妹，人之终始也。说以动，所归妹也。征凶，位不当也。无攸利，柔乘刚也。

译文

《彖传》说：少女出嫁，是天地间宏大的道理。天地阴阳不相交，万物就不兴旺。少女出嫁，是人生的终结与开始。喜悦行动，所以少女出嫁。前往有凶险，因为处位不适当。无所宜，因为阴柔乘凌阳刚。

《象》曰：泽上有雷，归妹，君子以永终[①]知敝[②]。

归妹以娣，以恒也。跛能履吉，吉相承也。

利幽人之贞，未变常也。

归妹以须，未当也。

愆期之志，有待而行也。

帝乙归妹，不如其娣之袂良也，其位在中，以贵行也。

上六无实，承虚筐也。

注释

①永终：永保常理。

②知敝：知晓弊病。

译文

《象传》说：水泽上响彻雷声，象征少女出嫁。君子效此永保常理，知晓弊病。

少女出嫁，以妹妹陪嫁，是恒久的道理。跛足还能行走，互相，因为互相承助。

幽静安恬的人宜守正，因为没有改变常理。

少女出嫁，姐姐陪嫁，因为处位不适当。

少女出嫁延期的志向，因为等待佳配而出嫁。

帝乙嫁出少女，衣饰不如陪嫁精美，因为它的处位合宜适中，以尊贵而出嫁。

上六爻没有实物，因为承载了空无的箩筐。

归妹卦说的是嫁出少女的含义。归妹卦卦辞所谓“归妹，征凶，无攸利”，为嫁之少女设置诫词，强调女子出嫁应严守正道，以柔顺为本。归妹卦六爻围绕卦辞展开，初九爻安分卑居，守持贞正，九四卦待时而嫁，六五爻谦逊下嫁，上述四爻虽然地位各不同，但都符合归妹之道，故无凶有吉，其中六五爻最为吉祥，六三爻、上六爻两阴有非分之念，所以有凶，无所宜。

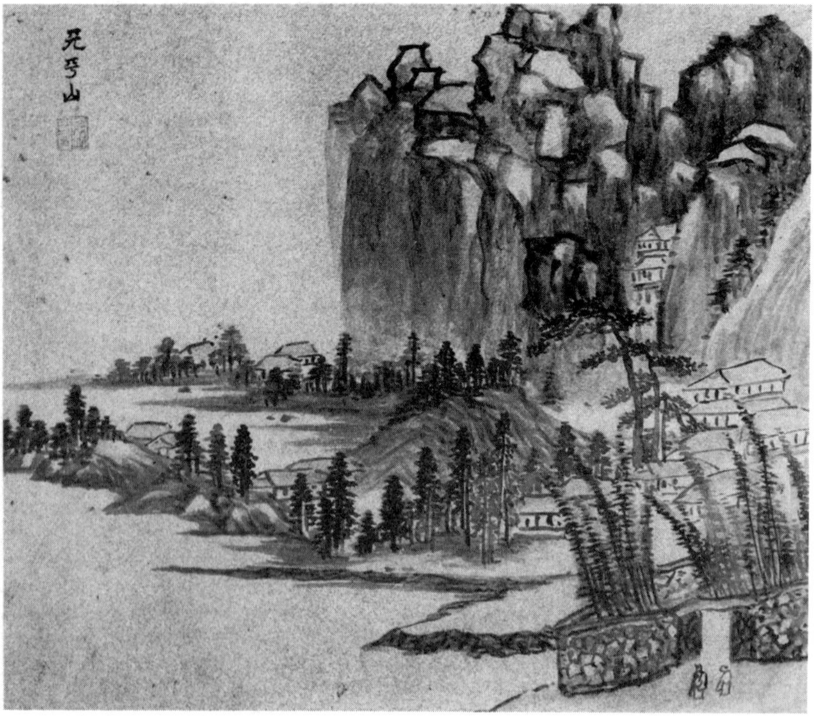

第五十五卦　丰䷶

经文

丰[1]，亨，王假之[2]。勿忧，宜日中[3]。

初九，遇其配主[4]，虽旬无咎[5]，往有尚。

六二，丰其蔀[6]，日中见斗[7]，往得疑疾[8]。有孚发若[9]，吉。

九三，丰其沛[10]，日中见沬[11]。折其右肱[12]，无咎。

九四，丰其蔀，日中见斗。遇其夷主[13]，吉。

六五，来章[14]，有庆誉，吉。

上六，丰其屋[15]，蔀其家[16]，窥其户[17]，阒其无人[18]，三岁不觌[19]，凶。

注释

①丰：丰盈硕大。

②王假之：君王以此祭祀。假：凭借。

③宜日中：宜在中午进行。日中：中午。

④遇其配主：遇到相配的主人。配：相配，合适。主：主事的人。

⑤虽旬无咎：十天内没有灾害。虽：只。旬：十天为一旬。

⑥丰其蔀：增大障蔽。蔀：读bù，障蔽，遮挡物。

⑦日中见斗：中午出现北斗。斗：斗星。

⑧往得疑疾：前往患上疑病。疑：疑惑。疾：疾病。

⑨有孚发若：发挥心中诚信。发：发挥。若：语助词。

⑩丰其沛：增大幡幔。沛：读pèi，旆，幡幔。

⑪日中见沬：中午出现小星。沬：小星。

⑫右肱：右臂。肱：读gōng，手臂。

⑬遇其夷主：遇到对应的主人。夷：均平，对应。

⑭来章：光明到来。章：光明。

⑮丰其屋：增大房屋。

⑯蔀其家：遮蔽居室。

⑰窥其户：向门户中暗中观察。窥：从门缝中暗中观察。

⑱阒其无人：空无一人。阒：读qù，寂静，空。

⑲三岁不觌：多年不见露面。觌：读dí，见面。

译文

丰卦象征丰盈硕大，亨通，君王以此祭祀，不要担忧，宜在中午进行。

初九，遇到相配的主人，十天内没有灾害，前往有嘉赏。

六二，增大障蔽，中午出现北斗，前往患上疑病。发挥心中诚信，吉祥。

九三，增大幡幔，中午出现小星。折断右臂，没有灾害。

九四，增大障蔽，中午出现北斗。遇到对应的主人，吉祥。

九五，光明到来，有庆祝赞誉，吉祥。

上六，增大房屋，遮蔽居室，向门户中暗中观察，空无一人，多年不见露面，有凶险。

传文

《彖》曰：丰，大也，明以动，故丰。王假之，尚大也。勿忧宜日中，宜照天下也。日中则昃，月盈则食。天地盈虚，与时消息，而况于人乎？况于鬼神乎？

译文

《彖传》说：丰，是丰盈硕大的意思，光明而行动，所以丰盈硕大。君王以此祭祀，因为崇尚盛大。不要担忧，宜在中午行动，宜普照天下。日过中午就西斜，月亮满盈就亏蚀。天地间的盈满亏虚，都顺应时机增损变化，更何况人呢？何况鬼神呢？

《象》曰：雷电皆至，丰。君子以折狱①致刑②。

虽旬无咎，过旬灾也。

有孚发若，信以发志也。

丰其沛，不可大事也。折其右肱，终不可用也。

丰其蔀，位不当也。日中见斗，幽不明也。遇其夷主，吉行也。

六五之吉，有庆也。

丰其屋，天际翔也。窥其户，阒其无人，自藏也。

注释

①折狱：判断讼狱。

②致刑：动用刑罚。

译文

《象传》说：雷电交加到来，象征丰盈硕大。君子效此判断讼狱，动用刑罚。

十天内没有灾害，过了十天便有灾害。

发挥心中诚信，因为诚信可以开拓志向。

增大障蔽，因为不可做大事。折断右臂，因为终究不可使用。

增大幡幔，因为处位不适当。中午出现北斗，因为幽暗不明。遇到对应的主人，因为行动吉祥。

六五爻吉祥，因为有吉庆。

增大房屋，因为居高翱翔天际。向门户中暗中观察，空无一人，因为自我深藏。

丰卦说明事物丰大的道理。丰卦卦辞赞誉物丰可致亨通，强调善处丰之时的准则，首先是拥有德行，故称有德君王可以致丰，其次是光明常照，故称太阳正中可以无忧，显然，丰卦虽然取名“丰硕”，却深诫求丰不易，保丰更难的道理。丰卦六爻分别处丰之时的不同情状，初九爻微阳处下，慎行求丰而有尚；六二爻阴处阴位，应发挥柔中美德获吉；九三爻居下卦之终，过丰有损光明，自折能够无咎；九四爻阳居阴位，掩盖光明，宜与阳刚在下的初九爻相遇相辅；六五爻阴居尊位，内含刚美，又能召致六二为应，最为吉祥；上六爻高居卦终，自绝于人，以致有凶。综观丰卦六爻，凡处上下卦之极的都为过丰损德之象，所以，九三爻、上六爻虽阴阳有应，却终致凶险，凡在下守中的都为谨慎修己以求丰、保丰之象，所以，初九爻、六二爻、九四爻、六五爻虽阴阳不应，却多吉祥。

第五十六卦　旅䷷

经文

旅[1]，小亨，旅贞吉。

初六，旅琐琐[2]，斯其所取灾[3]。

六二，旅即次[4]，怀其资[5]，得童仆[6]，贞。

九三，旅焚其次[7]，丧其童仆，贞厉。

九四，旅于处[8]，得其资斧[9]，我心不快。

六五，射雉，一矢亡，终以誉命。

上九，鸟焚其巢，旅人先笑，后号咷。丧牛于易[10]，凶。

注释

①旅：行旅。

②旅琐琐：行旅中猥琐卑贱。琐琐：猥琐卑贱的样子。

③斯其所取灾：这是自己招致的灾害。斯：此。取：招致。

④旅即次：行旅中住进客栈。即：到。次：旅舍。

⑤怀其资：怀藏资财。怀：身怀，怀藏。资：钱财。

⑥童仆：僮仆，奴仆。

⑦旅焚其次：行旅中客栈被焚毁。焚：焚烧。

⑧旅于处：行旅中暂处。处：暂处。

⑨资斧：利斧。

⑩丧牛于易：在田里丧失牛。易：田场。

译文

旅卦象征行旅，谨小慎微亨通，行旅中守正吉祥。

初六，行旅中猥琐卑贱，这是自己招致的灾害。

六二，行旅中住进客栈，怀藏资财，拥有僮仆，守正。

九三，行旅中客栈被焚毁，失去僮仆，守正以防凶险。

九四，行旅中暂处，得到利斧，心中不畅快。

六五，射野鸡，丢失一支箭，终会得到赞誉和任命。

上九，鸟巢被焚毁，行旅的人先笑，后号哭。在田里丧失牛，有凶险。

传文

《彖》曰：旅，小亨，柔得中乎外而顺乎刚，止而丽乎明，是以小亨，旅贞吉也。旅之时义大矣哉。

译文

《彖传》说：行旅时，谨小慎微亨通，柔顺合宜适中顺从阳刚，静止依着于光明，所以谨小慎微亨通，行旅中守正吉祥。旅卦的意义多么宏大。

《象》曰：山上有火，旅。君子以明慎用刑而不留狱[①]。

旅琐琐，志穷灾也。

得童仆贞，终无尤也。

旅焚其次，亦以伤矣。以旅与下，其义丧也。

旅于处，未得位也。得其资斧，心未快也。

终以誉命，上逮也。

以旅在上，其义焚也。丧牛于易，终莫之闻也。

注释

①留狱：不滞留讼狱。

译文

《象传》说：山上有火焰，象征行旅。君子效此明察审慎施用刑罚，不滞留讼狱。

行旅中猥琐卑贱，因为志向困穷而有灾害。

拥有僮仆，守正，终会没有怨失。

行旅中客栈被焚毁，自己也受到伤害。行旅时巨高待下，它的含义是丧失。

行旅中暂处，因为处位不适当。得到利斧，因为心中不痛快。

终会得到赞誉和任命，因为向上顺承。

行旅时在上位，它的含义是焚毁。在田里丧失牛，终究不得下落。

点评

旅卦说的是行旅的意思。旅卦卦辞所谓“小亨”“贞吉”，表明行旅时应当守正，以柔顺持中为本。旅卦六爻当中，凡柔顺得中的都获吉祥，但以卑屈为反面之戒，凡阳刚高亢的都有凶险。

第五十七卦　巽䷸

经文

巽[1]，小亨，利有攸往，利见大人。

初六，进退[2]，利武人[3]之贞。

九二，巽在床下[4]，用史巫纷若[5]，吉，无咎。

九三，频巽[6]，吝。

六四，悔亡，田获三品[7]。

九五，贞吉，悔亡，无不利。无初有终[8]。先庚三日[9]，后庚三日[10]，吉。

上九，巽在床下，丧其资斧，贞凶。

注释

①巽：逊顺。

②进退：进退徘徊。

③武人：勇武的人。

④巽在床下：顺从卑居在床下。

⑤用史巫纷若：用祝史、巫觋贞得众多吉祥。史巫：祝史和巫觋，从事祭祀的人。纷若：众多的样子。

⑥频巽：忧郁顺从。频：颦蹙，忧郁。

⑦田获三品：田猎俘获多种牲畜。田：田猎，狩猎。三品：多种。品：种类。

⑧无初有终：没有初始而有善终。

⑨先庚三日：庚日的前三日是丁日。

⑩后庚三日：庚日的后三日是癸日。

译文

巽卦象征逊顺，谨小慎微亨通，宜有所前往，宜拜见大人。

初六，进退徘徊，勇武的人宜守正。

九二，顺从卑居在床下，用祝史、巫觋贞得众多吉祥，没有灾害。

九三，忧郁顺从，有悔恨。

六四，悔恨消亡，田猎俘获多种牲畜。

九五，守正吉祥，悔恨消亡，无不宜。没有初始而有善终。庚日前的丁日，庚日后的癸日，吉祥。

上九，顺从卑居在床下，失去利斧，守正以防凶险。

传文

《彖》曰：重巽以申命。刚巽乎中正而志行，柔皆顺乎刚，是以小亨，利有攸往，利见大人。

译文

《彖传》说：上下逊顺而申张王命。阳刚逊顺于适中守正而志向得以施行，阴柔都顺从阳刚，所以谨小慎微亨通，宜有所前往，宜拜见大人。

《象》曰：随风，巽，君子以申命[①]行事[②]。

进退，志疑也。利武人之贞，志治也。

纷若之吉，得中也。

频巽之吝，志穷也。

田获三品，有功也。

九五之吉，位正中也。

巽在床下，上穷也。丧其资斧，正乎凶也。

注释

①申命：申张命令。

②行事：执行事务。

译文

《象传》说：和风连绵相随，象征逊顺。君子效此申张命令，执行事务。

进退徘徊，因为志向有疑惑。勇武的人宜守正，因为志向在整治。

众多吉祥，因为合宜适中。

忧郁顺从的悔恨，因为志向困穷。

田猎俘获多种牲畜，因为有功劳。

九五爻吉祥，因为处位守正，合宜适中。

顺从卑居在床下，因为在上困穷。失去利斧，因为守正以防凶险。

点评

巽卦说的是逊顺的意思。巽卦卦辞一方面表明巽之时柔小谦顺可致亨通，另一方面表明上下逊顺的目的是君王施治申命。巽卦所谓逊顺并非一味无条件地盲从卑顺，而是以刚健之德为勉，初六爻勉以武人之贞，六四爻嘉以田获之功，两爻皆应柔而能刚；九三爻以刚屈柔而有吝，上九爻以阳顺极而有凶，两爻皆因丧失刚德；至于九二爻、九五爻之吉，前者有刚中之道，不屈于威势，后者有中正之德，居一卦之尊。因此，所谓逊顺，应当本于阳刚品质，与屈从之义格格不入。

第五十八卦　兑☱

经文

兑[①]，亨，利贞。

初九，和兑[②]，吉。

九二，孚兑[③]，吉，悔亡。

六三，来兑[④]，凶。

九四，商兑[⑤]未宁[⑥]，介疾有喜[⑦]。

九五，孚于剥[⑧]，有厉。

上六，引兑[⑨]。

注释

①兑：喜悦。

②和兑：平和喜悦。

③孚兑：心怀诚信喜悦。

④来兑：来求喜悦。

⑤商兑：适度喜悦。商：适度。

⑥未宁：不安宁。

⑦介疾有喜：小病有喜事。介疾：癣疥之疾，小病。

⑧孚于剥：对剥蚀阳刚的人事物心怀诚信。剥：剥蚀阳刚的人、事、物。

⑨引兑：引导喜悦。引：引导，牵引。

译文

兑卦象征喜悦，亨通，宜守正。

初九，平和喜悦，吉祥。

九二，心怀诚信喜悦，吉祥，悔恨消亡。

六三，来求喜悦，有凶险。

九四，适度喜悦不安逸懈怠，小病会有喜事。

九五，对剥蚀阳刚的人事物心怀诚信，有凶险。

上六，引导喜悦。

传文

《彖》曰：兑，说也。刚中而柔外，说以利贞，是以顺乎天而应乎人。说以先民①，民忘其劳②。说以犯难，民忘其死。说之大，民劝矣哉。

注释

①先民：身先万民。

②民忘其劳：忘记劳苦，任劳。

译文

《彖传》说：兑，是喜悦的意思。阳刚适中而阴柔在外，宜守正而喜悦，所以顺应天道应和人心。身先万民任劳而喜悦，民众就会任劳忘苦。克服险难而喜悦，民众就会舍生忘死。喜悦的意义多么宏大，可以使万民自勉。

《象》曰：丽泽，兑，君子以朋友讲习。

和兑之吉，行未疑也。

孚兑之吉，信志也。

来兑之凶，位不当也。

九四之喜，有庆也。

孚于剥，位正当也。

上六引兑，未光也。

译文

《象传》说：水泽互相附着，象征喜悦。君子效此与朋友谈论学习。

平和喜悦的吉祥，因为行动没有疑惑。

心怀诚信而喜悦的吉祥，因为信从志向。

来求喜悦的凶险，因为处位不适当。

九四爻的喜悦，因为有吉庆。

对剥蚀阳刚的人、事、物心怀诚信，因为处位守正适当。

上六引导喜悦，因为德行还未光大。

兑卦说的是喜欣的道理，强调以刚中柔顺为喜悦，刚为柔本，悦不失正。兑卦卦辞说物情喜悦可致亨通，又说喜悦应当守持贞正。兑卦六爻当中，六三爻、上六爻两阴都以柔媚取悦，初九爻、九二爻、九四爻、九五爻四阳情状不一，初九爻刚正和悦有吉，九二爻诚信有吉，九四爻适度喜悦有吉，九五爻居尊位而悦信于小人，深戒危厉之旨。

第五十九卦　涣䷺

经文

涣[1]，亨，王假有庙[2]，利涉大川，利贞。

初六，用拯马壮[3]，吉。

九二，涣奔其机[4]，悔亡。

六三，涣其躬[5]，无悔。

六四，涣其群[6]，元吉。涣有丘[7]，匪夷所思[8]。

九五，涣汗其大号[9]，涣王居[10]，无咎。

上九，涣其血去逖出[11]，无咎。

注释

①涣：涣散。

②王假有庙：君王以此保国。假：拼接。庙：宗庙，国家。

③用拯马壮：骑骏马救护。拯：拯救。壮：强壮。

④涣奔其机：洪水冲到台阶。机：台阶。

⑤涣其躬：洪水冲到自身。躬：自身。

⑥涣其群：洪水冲到人群。群：众人。

⑦涣有丘：洪水冲到高地。丘：高地。

⑧匪夷所思：不是平常能想到的。匪：不。夷：平常。

⑨涣汗其大号：洪水如汗水出而不返，大声发布号令。汗：汗水，出汗。号：发布号令。

⑩涣王居：洪水冲到君王居所。

⑪涣其血去逖出：洪水的担忧惕惧退去。血：读xù，恤，担忧。逖：读tì，惕惧。

译文

涣卦象征涣散，亨通，君王以此保国，宜渡河，宜守正。

初六，骑骏马救护，吉祥。

九二，洪水冲到台阶，悔恨消亡。

六三，洪水冲到自身，没有悔恨。

六四，洪水冲到人群，初始吉祥。洪水冲到高地，不是平常能想到的。

九五，洪水如汗水出而不返，大声发布号令，洪水冲到君王居所，没有灾害。

上九，洪水的担忧惕惧退去，没有灾害。

传文

《彖》曰：涣亨，刚来而不穷，柔得位乎外而上同。王假有庙，王乃在中也。利涉大川，乘木有功也。

译文

《彖传》说：涣散而亨通，因为阳刚到来不会穷困，阴柔处位适当又与上位志向相同。君王以此保国，因为君王处位合宜适中。宜渡河，因为乘木船而获得成功。

《象》曰：风行水上，涣。先王以享于帝立庙。

初六之吉，顺也。

涣奔其机，得愿也。

涣其躬，志在外也。

涣其群元吉，光大也。

王居无咎，正位也。

涣其血，远害也。

译文

《象传》说：风吹行在水上，象征涣散。先王效此祭祀上帝，设立宗庙。

初六爻的吉祥，因为柔顺。

洪水冲到台阶，因为实现了心愿。

洪水冲到自身，因为志向是向外进取。

洪水冲到人群，初始吉祥，因为德行光大。

洪水涨到君王的居所而没有灾害，因为处位守正适当。

洪水的担忧惕惧退去，因为灾害远去。

涣卦阐明的是涣散的道理，但是全卦的旨意并非是散乱，而是从与散乱对立的角度揭示散与聚互为依存的关系。涣卦卦辞以君王祭祀宗庙比喻聚合神明保佑，以渡过大河比喻聚合人心济难，这说明事物的形态虽然散乱，但内质聚合，必然能够亨通，并强调此时行事宜守正。涣卦六爻显示，虽然全卦处在涣散之时，但各爻间阴阳刚柔相比、相应，具有聚合的趋势。初六爻阴柔在下，九二爻阳刚处中，时当涣散，但两心系联，所以前者如获骏马救护而有吉祥，后者有台阶凭依而悔恨消亡。六三爻、上九爻刚柔相呼应，或散乱自身附从尊者而无悔恨，或散极见聚而无灾害。六四爻、九五爻更为典型，六四爻上承九五爻，有散小群、聚大群的美质；九五爻阳刚居尊主，有散居积、聚民心的盛德。因此，六四爻能够初始吉祥，九五没有灾害。由此可见，涣卦阐明的处涣之道，是立足于散而不乱、散而能聚的基础上的，展示了事物散、聚既对立又统一的规律。

第六十卦　节䷻

经文

节[①]，亨。苦节[②]不可，贞。

初九，不出户庭[③]，无咎。

九二，不出门庭[④]，凶。

六三，不节若[⑤]，则嗟[⑥]若，无咎。

六四，安节[⑦]，亨。

九五，甘节[⑧]，吉，往有尚。

上六，苦节，贞凶，悔亡。

注释

①节：节制。

②苦节：过分节制。苦：十分，过度。

③不出户庭：不走出内庭。户庭：内庭。

④不出门庭：不走出外庭。门庭：外庭。

⑤不节若：不节制。若，语助词。

⑥嗟：叹息。

⑦安节：安于节制。

⑧甘节：乐于节制。甘：甘甜，欢乐。

译文

节卦象征节制，亨通。不可过分节制，守正。

初九，不走出内庭，没有灾害。

九二，不走出外庭，有凶险。

六三，不节制，会有叹息，没有灾害。

六四：安于节制，亨通。

六五，乐于节制，吉祥，前往有嘉赏。

上六，过分节制，守正以防凶险，悔恨消亡。

传文

《彖》曰：节亨，刚柔分而刚得中。苦节不可，贞，其道穷也。说以行险，当位以节，中正以通。天地节而四时成。节以制度，不伤财不害民。

译文

《彖传》说：节制而亨通，阴阳刚柔分别而阳刚合宜适中。不可过分节制，守正，因为节制之道穷困。行于险难中而喜悦，处位适当而施以节制，适中端庄而通达。天地阴阳之气有节制而四季形成。以规章制度节制，不损伤财物，不妨害民众。

《象》曰：泽上有水，节。君子以制数度[①]，议德行[②]。

不出户庭，知通塞[③]也。

不出门庭凶，失时极也。

不节之嗟，又谁咎也？

安节之亨，承上道也。

甘节之吉，居位中也。

苦节贞凶，其道穷也。

注释

①制数度：制定法度。

②议德行：审议德行。

③通塞：畅通和阻塞。

译文

《象传》说：水泽上有流水，象征节制。君子效此制定法度，审议德行。

不走出内庭，因为知晓畅通和阻塞。

不走出门庭的凶险，因为严重失去时机。

不节制的叹息，会是谁的灾害？

安于节制的亨通，因为顺承常理。

乐于节制的吉祥，因为处位合宜适中。

过分节制，守正以防凶险，因为节制之道困穷。

点评

节卦阐明的是节制的道理，节制时应当持中守正，所以卦辞既说有所节制可致亨通，又说不可以过分节制。节卦六爻间，两两相比，呈现三正三反的情状。初九爻与九二比，初九爻时不出户庭而无灾害，九二爻时不出门庭而有凶险，九二爻与初九爻正反相对。六三爻与六四比，六四爻柔顺得正，为安于节制；六三柔顺不得正，为不节制。六三爻与六四爻正反相对。九五爻与上六比，九五爻得中位，为乐于节制；上六爻越过中位，为过分节制。九五爻与上六爻正反相对。由此可见，节卦爻辞中，凡是有凶险的时候，都是由于处位不中不正而导致的。节卦六爻中最为吉祥的爻是九五爻，中正而乐于节制，可见，节卦的基本含义在于合乎规律的节制有利于事物的正常发展；反之，便导致凶险。

第六十一卦　中孚䷼

经文

中孚[1]，豚鱼吉[2]，利涉大川，利贞。

初九，虞吉[3]，有它不燕。

九二，鸣鹤在阴[4]，其子和之[5]，我有好爵[6]，吾与尔靡之[7]。

六三，得敌[8]，或鼓或罢[9]，或泣或歌[10]。

六四，月几望，马匹亡，无咎。

九五，有孚挛如[11]，无咎。

上九，翰音登于天[12]，贞凶。

注释

①中孚：心中诚信。孚：信，诚信。

②豚鱼吉：用小猪和鱼祭祀获得吉祥。豚：读tún，小猪。

③虞吉：忧虑吉祥。虞：忧虑。

④鸣鹤在阴：鹤在树荫啼鸣。鸣：啼鸣。阴：荫，树荫。

⑤其子和之：伴侣声声应和。子：伴侣。和：应和。

⑥好爵：美酒。爵：饮酒器。

⑦与尔靡之：与你共享。靡：共享。

⑧得敌：俘获敌人。得：得到，俘获。

⑨或鼓或罢：有的兴奋击鼓，有的疲惫不动。

⑩或泣或歌：有的哭泣，有的歌唱。

⑪有孚挛如：以诚信系联。挛如：系联的样子。

⑫翰音登于天：鹤鸣响彻天际。翰音：鹤鸣。登于天：响彻天际。

译文

中孚卦象征心中诚信，用小猪和鱼祭祀，吉祥，宜渡河，宜守正。

初九，忧虑吉祥，有其他担忧不安逸。

九二，鹤在树荫啼鸣，伴侣声声应和，我有美酒，与你共享。

六三，俘获敌人，有的击鼓而歌，有的疲惫而哭。

六四，月将圆，马匹丢失，没有灾害。

九五，以诚信系联，没有灾害。

上九，鹤鸣响彻天际，守正以防凶险。

传文

《彖》曰：中孚，柔在内而刚得中。说而巽，孚乃化邦也。豚鱼吉，信及豚鱼也。利涉大川，乘木舟虚也。中孚以利贞，乃应乎天也。

译文

《彖传》说：心中诚信，阴柔在内而阳刚合宜适中。喜悦而逊顺，心怀诚信而感化邦国。小猪和鱼祭祀，吉祥，因为诚信施加到小猪和鱼。宜渡河，因为乘木船可以畅通无阻。心中诚信而宜守正，就是顺应天道。

《象》曰：泽上有风，中孚，君子以议狱①缓死②。

初九虞吉，志未变也。

其子和之，中心愿也。

或鼓或罢，位不当也。

马匹亡，绝类③上也。

有孚挛如，位正当也。

翰音登于天，何可长也？

注释

①议狱：审议狱讼。

②缓死：延缓死刑。

③绝类：断绝同类。

译文

《象传》说：水泽上有风吹过，象征心中诚信。君子效此审议狱讼，延缓死刑。

初九爻忧虑吉祥，因为志向没有改变。

伴侣声声应和，是发自心中的意愿。

有的击鼓而歌，有的疲惫而哭，因为处位不适当。

马匹丢失，因为断绝同类而向上进取。

以诚信系联，因为处位守正适当。

鹤鸣响彻天际，怎么会长久？

中孚卦的旨意是心中诚信，全卦六爻从不同角度揭示心中诚信的道理，初九爻处在下位而心有诚信，九二爻居中，诚实笃信，六四爻专心于诚信而不戒，九五爻广施诚信而居尊位，上述四爻虽然处位各自不同，阴阳各自有别，但都有心中诚信的正面形象。唯

独六三爻居心不够诚信，言行无常；上九爻诚信缺失，虚声远闻，表现出心中无信的反面形象。六爻当中，最受推崇的是九二、九五两阳爻，九二爻取“鹤在树荫啼鸣，伴侣声声应和”为喻，说明待人时心有诚信，也会得到他们的信任。九五爻取诚信系联天下之象，蕴含着对君王必须取信于民的期望。

第六十二卦 小过䷽

经文

小过[①]，亨，利贞。可小事[②]，不可大事。飞鸟遗之音[③]，不宜上，宜下，大吉。

初六，飞鸟以凶[④]。

六二，过其祖，遇其妣[⑤]。不及其君[⑥]，遇其臣，无咎。

九三，弗过防之[⑦]，从或戕之[⑧]，凶。

九四，无咎，弗过遇之[⑨]，往厉必戒[⑩]，勿用，永贞。

六五，密云不雨，自我西郊。公弋取彼在穴[⑪]。

上六，弗遇过之，飞鸟离之，凶，是谓灾眚[⑫]。

注释

①小过：小有过越，小有过失。

②可小事：可做小事。

③飞鸟遗之音：飞鸟过后遗音犹在。遗：遗留。

④飞鸟以凶：飞鸟带来凶险。以：带来。

⑤遇其妣：见祖母。妣：读bǐ，祖母。

⑥不及其君：不拜见君王。及：到，拜见。

⑦弗过防之：没有过失而防备。防：防备。

⑧从或戕之：放纵会被伤害。从：纵，放纵。戕：读qiāng，伤害。

⑨弗过遇之：没有过失却遭受过失。遇：遭受，遭遇。

⑩往厉必戒：前往凶险必须戒备。厉：凶险。戒：戒备。

⑪公弋取彼在穴：公侯射禽兽，在穴中收取。公：公侯。弋：读yì，带绳子的箭，射箭。取：获取，收取。穴：巢穴。

⑫灾眚：灾难。

译文

小过卦象征小有过越，亨通，宜守正。可做小事，不可做大事。飞鸟过后遗音犹在，不宜向上，宜向下，大吉祥。

初六，飞鸟向上飞有凶险。

六二，越过祖父，与祖母相见。不拜见君王，与臣官想见，没有灾害。

九三，没有过失而防备，放纵会被伤害，有凶险。

九四，无有灾害，没有过失却遭受过失，前往有凶险必须戒备，不要妄为，永远守正。

六五，浓云密布而不降雨，云从西边来。公侯射禽兽，在穴中收取。

上六，没有过失却遭受过失，飞鸟离去，有凶险，这便是灾害。

传文

《彖》曰：小过，小者过而亨也。过以利贞，与时行也。柔得中，是以小事吉也。刚失位而不中，是以不可大事也。有飞鸟之象焉，飞鸟遗之音，不宜上宜下，大吉，上逆而下顺也。

译文

《彖传》说：小有过越，是柔小者有所过越而亨通。过越时宜守正，因为顺应时机运行。阴柔合宜适中，所以小事吉祥。阳刚失位而不适中，所以不可做大事。有飞鸟的象征，飞鸟过后遗音犹在，不宜向上，宜向下，大吉祥，因为往上逆行而向下顺利。

《象》曰：山上有雷，小过。君子以行过乎恭，丧过乎哀，用过乎俭。

飞鸟以凶，不可如何也。

不及其君，臣不可过也。

从或戕之，凶如何也？

弗过遇之，位不当也。往厉必戒，终不可长也。

密云不雨，已上也。

弗遇过之，已亢也。

译文

《象传》说：山上响彻雷声，象征小有过越。君子效此行动稍过恭敬，居丧稍过悲哀，用费稍过节俭。

飞鸟向上飞有凶险，无可奈何。

不拜见君王，因为不可越过官臣。

放纵会被伤害，凶险会怎么样？

没有过失却遭受过失，因为处位不适当。前往有凶险必须戒备，终究不会长久。

浓云密布而不降雨，因为云气高居在上。

没有过失却遭受过失，因为已经高居亢极。

小过卦阐明的是事物有时必须小有过越的道理。小过卦爻辞说明，小有过越应当发生在处理柔小之事时，就是卦辞所谓的“可

小事，不可大事”。另外，小有过越的本质体现是谦逊柔顺，就是卦辞所谓的“不宜上，宜下”。当然，小有过越虽然发生在处理柔小之事时，也必须建立在守正的基础上，否则，必将引起凶险，小过卦辞强调“利贞”就指这层含义。小过卦六爻的吉凶全都围绕上述含义而发。其中，六二爻、六五爻阴柔居中，最得小过之旨；初六、上六爻虽然也是阴爻，但都有违“宜下”之道而有凶；九三爻、九四爻两阳，前者过刚不能自下，后者居柔位而能下，所以一凶一无咎。可见，宜下的准则在小过卦中至关重要，《象传》就说“行过乎恭，丧过乎哀，用过乎俭”。

第六十三卦　既济䷾

经文

既济[①]，亨小[②]，利贞，初吉终乱[③]。

初九，曳其轮[④]，濡其尾[⑤]，无咎。

六二，妇丧其茀[⑥]，勿逐，七日得。

九三，高宗伐鬼方[⑦]，三年克之，小人勿用。

六四，繻有衣袽[⑧]，终日戒。

九五，东邻杀牛[⑨]，不如西邻之禴祭[⑩]，实受其福[⑪]。

上六，濡其首，厉。

注释

①既济：事成。既：已经。济：渡河，引申为成功。

②亨小：小亨，略亨通。

③初吉终乱：初始吉祥，最终混乱。

④曳其轮：拖拉车轮。曳：读yè，牵引，拖拉。

⑤濡其尾：沾湿车尾。濡：沾湿。

⑥妇丧其茀：妇人丢失头饰、茀：读fú，鬒，头饰。

⑦高宗伐鬼方：殷高宗征伐鬼方。高宗：殷商中兴君王，名武丁。鬼方：殷商西部的邦国。

⑧繻有衣袽：华丽的衣服会变成破衣服。繻：读rú，彩色细密的丝织品。袽：读rú，破衣服。

⑨东邻杀牛：东边邻居杀牛祭祀，引申为隆重的祭祀。

⑩禴祭：夏季的祭祀，夏季祭祀程序简单，引申为简单的祭祀。

⑪实受其福：实际承受其福：切实受到福祉。实：切实，实在。受：承受。

译文

既济卦象征事成，略亨通，宜守正，初始吉祥，终会混乱。

初九，拖住车轮，沾湿车尾，没有灾害。

六二，妇人丢失头饰，不要追寻，七天后会有所得。

九三，殷高宗征伐鬼方，多年得胜，不要任用小人。

六四，华丽的衣服会变成破衣服，整日戒备。

九五，东边邻居杀牛祭祀，不如西边邻居的夏祀，切实受到福祉。

上六，沾湿头部，有凶险。

传文

《彖》曰：既济亨，小者亨也。利贞，刚柔正而位当也。初吉，柔得中也。终止则乱，其道穷也。

译文

《彖传》说：事成而亨通，柔小者亨通。宜守正，因为阳刚阴柔都处位适当。初始吉祥，因为阴柔适中。最终停止会导致混乱，因为既济之道已穷尽。

《象》曰：水在火上，既济。君子以思患而豫防之。

曳其轮，义无咎也。

七日得，以中道也。

三年克之，惫也。

终日戒，有所疑也。

东邻杀牛，不如西邻之时也。实受其福，吉大来也。

濡其首，厉，何可久也？

译文

《象传》说：水在火焰上，象征事成。君子效此思谋灾害预防发生。

拖住车轮，它的含义是没有灾害。

七天后有所得，因为守持合宜适中之道。

多年得胜，因为疲惫不堪。

整日戒备，因为有所疑惑。

东边邻居杀牛祭祀，不如西边邻居祭祀适时。切实受到福祉，因为吉祥广大到来。

沾湿头部，有凶险，怎么会长久？

既济卦名的取义，是借渡河成功比喻事已成，但全卦的旨意是阐发守成艰难的道理。既济卦辞显示，事情虽已发展到完成之时，但仍然使用“利贞”二字，强调不可忘忽守正。“初吉终乱”一语，更是深明此时稍不敬慎就会导致复乱的诫意。既济卦六爻当中无不见警戒之旨，初九爻“曳轮”不可前，六二爻“妇丧其茀，勿逐”，九三爻“小人勿用”，六四爻“终日戒”，九五爻有“东邻杀牛”之戒，上六爻更以“濡其首，厉”为戒。可见，既济之时虽然万事皆成，但是安保这一既成局面，仍然不易。

第六十四卦　未济䷿

经文

未济[1]，亨。小狐汔济[2]，濡其尾，无攸利。

初六，濡其尾，吝。

九二，曳其轮，贞吉。

六三，未济，征凶，利涉大川。

九四，贞吉，悔亡。震[3]用伐鬼方，三年有赏于大国[4]。

六五，贞吉，无悔，君子之光[5]，有孚吉。

上九，有孚于饮酒，无咎。濡其首，有孚失是[6]。

注释

①未济：事未成。济：渡河，引申为成功。

②小狐汔济：小狐狸将渡过河。汔：读qì，几乎，几近。

③震：震动，引申为雷霆之势。

④有赏于大国：得到大国赏赐。

⑤君子之光：君子的光辉、

⑥有孚失是：心中诚信丧失。

译文

未济卦象征事未成，亨通。小狐狸将渡过河，沾湿尾巴，无所宜。

初六，沾湿尾巴，有悔恨。

九二，拖住车轮，守正吉祥。

六三，事未成，前往有凶险，宜涉越大河。

九四，守正以防凶险，悔恨消亡。用雷霆之势征伐鬼方，多年得到大国赏赐。

六五，守正以防凶险，没有悔恨，君子光辉璀璨，心怀诚信吉祥。

上九，心怀诚信饮酒，没有灾害。沾湿头部，心中诚信丧失。

传文

《彖》曰：未济亨，柔得中也。小狐汔济，未出中也。濡其尾，无攸利，不续终也。虽不当位，刚柔应也。

译文

《彖传》说：事未成而亨通，因为阴柔合宜适中。小狐狸将渡过河，是尚未脱离险难。沾湿尾巴，无所宜，因为不能延续至终。尽管处位不适当，但阴阳刚柔都互相应和。

《象》曰：火在水上，未济。君子以慎辨物[①]居方[②]。

濡其尾，亦不知极也。

九二贞吉，中以行正也。

未济征凶，位不当也。

贞吉悔亡，志行也。

君子之光，其晖[③]吉也。

饮酒濡首，亦不知节也。

注释

①慎辨物：谨慎辨明事物。

②居方：各居四方。

③晖：散发光明。

译文

《象传》说：火焰在水上，象征事未成。君子效此谨慎辨明事物使各居四方。

小狐狸沾湿尾巴，因为不知晓合宜适中之道。

九二爻守正吉祥，因为行动合宜适中而守正。

事未成，前往有凶险，因为处位不适当。

君子光辉璀璨，散发光明吉祥。

饮酒沾湿头部，是不知晓节制。

《周易》六十四卦以未济卦结束，蕴含着重要的义理内涵。从卦名看，未济是借渡河未成比喻成事未成，全卦的总体旨意就在于说明当事未成时，应当审慎进取，促使成功，未济当中蕴藏可济之理。未济卦辞是说努力求济可致亨通的同时，还应当不忘事物发展的另一面，又以小狐狸渡河将过时沾湿为喻，诫人若不慎始慎终，那么必难成济。未济卦六爻显示，下三爻尚未能济，所以旨意主要是戒其谨慎，上三爻已向既济转化，所以旨意主要是勉其行动。六爻的蕴意，以上九爻最为深长，就爻的处位来看，此时虽已转为既济，但若纵逸无度，仍有重反未济的凶险，所以爻辞既说无咎，又发出“失是”的警戒，意在揭明事物成败是随时可能发生转化的。

系辞上传

原文

天尊[①]地卑[②]，乾坤定[③]矣。卑高以陈[④]，贵贱位矣。动静有常[⑤]，刚柔断[⑥]矣。方以类聚[⑦]，物以群分，吉凶生矣。在天成象，在地成形，变化见矣。是故刚柔相摩[⑧]，八卦相荡[⑨]。鼓[⑩]之以雷霆，润之以风雨。日月运行，一寒一暑。乾道成男，坤道成女。乾知大始[⑪]，坤作成物[⑫]。乾以易知[⑬]，坤以简能[⑭]。易则易知，简则易从。易知则有亲，易从则有功。有亲则可久，有功则可大。可久则贤人之德，可大则贤人之业。易简[⑮]，而天下之理得矣。天下之理得，而成位[⑯]乎其中矣。

注释

①尊：高贵在上。

②卑：卑贱在下。

③定：确定，确立。

④陈：陈列。

⑤动静有常：运动和静止有常规。常：常规。

⑥断：分别，分判。

⑦方以类聚：事物以类相聚。方：事物。类：类别。

⑧刚柔相摩：刚柔相互切摩。摩：切摩。

⑨八卦相荡：八卦互相推移。荡：涤荡，推移。

⑩鼓：鼓动。

⑪乾知大始：乾道作用是创始万物。知：作用。大始：创始万物。

⑫坤作成物：坤道作用是成就万物。作：作用。成物：成就万物。

⑬以易知：以平易发挥作用。易：平易。

⑭以简能：以简约发挥功能。简：简约。能：功能，作用。

⑮易简：平易简约。

⑯成位：成就地位。位：居位，地位。

译文

天尊高在上，地卑微在下。尊卑高下由此陈列，贵贱地位由此确立。天地运动和静止有常规，刚柔由此分别。事物以类相聚，以群相分，吉凶由此产生。在天形成象，在地生成形，变化由此显现。所以刚柔相互切摩，八卦互相推移。以雷霆鼓动，以风雨滋润。日月运动，寒暑交替。乾道成就男性，坤道成就女性。乾道作用是创始万物，坤道作用是成就万物。乾道以平易发挥作用，坤道以简约发挥功能。平易则容易发挥作用，简约则容易跟从。容易发挥作用就有人亲附，容易跟从就有功效。有人亲附就可以长久，有功效就可以广大。可长久才是贤人的德行，可广大是贤人的功业。平易、简约，天下的道理就得到了。掌握了天下间的道理，就能在天下间成就自己的地位了。

原文

圣人设卦观象[①]，系辞[②]焉而明吉凶，刚柔相推而生变化。是故吉凶者，失得[③]之象也。悔吝者，忧虞[④]之象也。变化者，进退之象也。刚柔者，昼夜之象也。六爻之动，三极[⑤]之道也。是故君子所居[⑥]而安者，《易》之序也，所乐而玩[⑦]者，爻之辞也。是故君子居则观其象而玩其辞，动则观其变而玩其占，是以自天祐之，吉无不利。

注释

①设卦观象：创设卦爻，观察卦象。

②系辞：附以文辞。系：系属，附加。

③失得：得失。

④忧虞：忧伤，忧郁。

⑤三极：天、地、人三极。八卦三画中，上画象天，中画象人，下画象地。六画卦的六爻中，初、二爻象地，三、四爻象人，五、上爻象天。

⑥居：居处，静处。

⑦玩：玩习，研习。

译文

圣人创设卦爻，观察卦象，附以文辞以表明吉凶，刚柔相互推移产生变化。所以吉凶是得失的表象。悔吝是忧郁的表象。变化是进退的表象。刚柔是昼夜的表象。六爻变动，是天、地、人三才之道。所以君子能安居，是因为符合卦爻的顺序，能玩乐，是因为符合卦爻的文辞。所以君子安居时观察卦象，玩味卦爻文辞，行动时观察卦爻的变化，玩味贞问的结果，所以有上天保佑，吉祥无不宜。

原文

彖[①]者，言[②]乎象者也。爻者，言乎变者也。吉凶者，言乎其失得也。悔吝者，言乎其小疵[③]也。无咎者，善补过也。是故列贵贱者存乎位[④]，齐[⑤]小大者存乎卦，辩吉凶者存乎辞。忧悔吝者存乎介[⑥]，震[⑦]无咎者存乎悔。是故卦有小大，辞有险易。辞也者，各指其所之[⑧]。

注释

①彖：裁断，这里指彖辞。

②言：说明。

③小疵：小瑕疵，略有过失。疵：读cī，瑕疵，小的过失。

④位：处位，爻的处位。

⑤齐：判定。

⑥介：界限。

⑦震：震惊，惕惧。

⑧之：去，指向。

译文

彖辞，是说明卦象的。爻辞，是说明卦爻变化的。吉凶，是说明得失的。悔吝，说明略有过失。无咎，说明善于补救过失。所以陈述贵贱的在于爻位，判定大小的在于卦体，辨别吉凶的在于文辞。忧郁悔恨在于卦爻间的界限，惕惧无灾在于悔恨。所以卦体有大小，卦爻辞有凶险平易。卦爻辞，分别有所指向。

原文

《易》与天地准[①]，故能弥纶[②]天地之道。仰以观于天文，俯以察于地理，是故知幽明之故。原始反终[③]，故知死生之说。精气为物[④]，游魂为变[⑤]，是故知鬼神之情状。与天地相似，故不违[⑥]。知周乎万物[⑦]而道济天下[⑧]，故不过。旁行[⑨]而不流[⑩]，乐天[⑪]知命[⑫]，故不忧。安土[⑬]敦乎仁[⑭]，故能爱[⑮]。范围[⑯]天地之化而不过，曲成[⑰]万物而不遗[⑱]，通[⑲]乎昼夜之道而知，故神无方[20]而《易》无体[21]。

注释

①准：相等，等同。

②弥纶：包罗，包容。

③原始反终：推原事物的初始。原：推究，推原。反：返。

④精气为物：阴阳精气凝聚化成物形。精气：阴阳之气。为物：化为物形。

⑤游魂为变：阴阳精气发散造成变化。游魂：游散的阴阳精气。为变：造成变化。

⑥违：违背。

⑦知周乎万物：知晓周边万物。知：知晓。周：周边。

⑧道济天下：匡济天下。济：匡济，济助。

⑨旁行：遍行。旁：普遍。

⑩流：停留。

⑪乐天：乐于天道，顺应天道。

⑫知命：知晓天命。

⑬安土：安居所处。

⑭敦乎仁：敦厚地施行仁德。敦：敦厚。

⑮爱：仁爱。

⑯范围：包括。

⑰曲成，受盛，承受。曲：容器盛放物品后的样子。

⑱不遗：没有遗漏。遗：遗漏。

⑲通：会通，通晓。

⑳神无方：神妙变化不拘泥一方。神：神妙。方：处所。

㉑《易》无体：《易》的变化不定于一体。体：形体。

译文

《易》道与天地相等，所以能保罗天地间的道理。仰首以观看天文，俯首以察看地理，所以能知晓幽暗和光明的缘故。推原事物的初始，返归事物的终结，所以能知晓生死的规则。阴阳精气凝聚化成物形，阴阳精气发散造成变化，所以能知晓鬼神的情状。《易》道与天地相似，所以不违背天地间的道理。知晓周边万物，足以匡济天下，所以没有过失。遍行而不停留，乐于天道知晓天命，所以不会忧愁。安居所处，敦厚地施行仁德，所以能爱民。统括天地变化而没有偏失，承盛万物而没有遗漏，会通昼夜变化之道而达到睿智，所以神妙变化不拘泥一方，《易》的变化不定于一体。

原文

一阴一阳之谓道。继[1]之者善也，成[2]之者性[3]也。仁者见之谓之仁，知者[4]见之谓之知，百姓日用而不知，故君子之道鲜[5]矣。显诸仁[6]，藏诸用[7]，鼓[8]万物而不与圣人同忧。盛德[9]大业[10]至[11]矣哉。富有之谓大业，日新[12]之谓盛德。生生[13]之谓易，成象[14]之谓乾，效法[15]之谓坤，极数[16]知来[17]之谓占[18]，通变[19]之谓事，阴阳不测[20]之谓神。

注释

①继：秉受，继承。

②成：顺成，成就。

③性：天性，本性。

④知者：睿智的人。知：睿智。

⑤鲜：少。

⑥显诸仁：显现于仁德。显：显现。诸：之于。

⑦藏诸用：潜藏于功用。用：功用。

⑧鼓：鼓动。

⑨盛德：盛大的德行。

⑩大业：宏大的功业。

⑪至：至极。

⑫日新：日日更新。

⑬生生：阴阳互变无穷。

⑭成象：生成象。

⑮效法：效仿，模拟。

⑯极数：穷极蓍策之数。

⑰知来：预知未来。

⑱占：筮占，贞问。

⑲通变：会通变化。

⑳阴阳不测：阴阳变法无法测定。测：测定，测度。

译文

一阴一阳互变称为道。秉受此道的是良善，顺成此道的是天性。仁德的人看见道称为仁，睿智的人看见道称为智，百姓日用应用此道而不知情，所以君子之道稀少。天地之道显现于仁德，潜藏于功用，鼓动万物化生而与圣人的忧虑不同。德行功业宏大至极啊。富有称为宏大的功业，日日更新称为盛大的德行。阴阳互变无穷称为易，生成天象称为乾，效法地称为坤，穷极蓍策之数预知未来称为占，会通变化称为事，阴阳变法无法测定称为神。

原文

夫《易》广矣大矣①。以言乎远则不御②，以言乎迩③则静而正，以言乎天地之间则备④矣。夫乾，其静也专⑤，其动也直⑥，是以大生⑦焉。夫坤，其静也翕⑧，其动也辟⑨，是以广生⑩焉。广大配天地，变通配⑪四时，阴阳之义配日月，易简之善配至德。

注释

①广矣大矣：广大无边。广：宽广。大：宏大。

②不御：无止境。御：止。

③迩：近。静而正：宁静端正。

④备：具备。

⑤专：专一。

⑥直：刚直。

⑦大生：宏大生成万物。

⑧翕：闭合。

⑨辟：开放。

⑩广生：宽广生成万物。

⑪配：对应。

译文

《易》道广大无边啊。说它远则远无止境，说它近则宁静端正，说它在天地之间则万物具备。乾道，静时专一，动时刚直，所以宏大生成万物。坤道，静时闭合，动时开放，所以宽广生成万物。广大对应天地，变化会通对应四季，阴阳对应日月，平易、简约的美善对应德。

原文

子曰：《易》其至[①]矣乎。夫《易》，圣人所以崇德[②]而广业[③]也。知崇礼卑[④]，崇效天，卑法地。天地设位[⑤]，而《易》行乎其中矣。成性存存[⑥]，道义之门。

注释

①至：极至，至大至广。

②崇德：增崇德行。崇：推崇。

③广业：广大功业。

④知崇礼卑：智谋崇高礼仪谦卑。知：智谋，智慧。礼：礼仪。

⑤天地设位：天地创设尊卑之位。

⑥存存：长存。

译文

孔子说：《易》道至大至广啊。《易》道，是圣人用以推崇德行、广大功业的。智谋崇高礼仪谦卑，崇高效法天，谦卑效法地。天地创设尊卑之位，《易》道通行在其中。成就德行涵养长存，这是阴阳之道的门径。

原文

圣人有以见天下之赜①，而拟②诸其形容③，象其物宜④，是故谓之象。圣人有以见天下之动，而观其会通⑤，以行其典礼⑥，系辞焉以断其吉凶，是故谓之爻。言天下之至赜，而不可恶⑦也。言天下之至动，而不可乱⑧也。拟之而后言，议之而后动，拟议⑨以成其变化。鸣鹤在阴，其子和之。我有好爵，吾与尔靡之。子曰：君子居其室，出其言善，则千里之外应之，况其迩者乎？居其室，出其言不善，则千里之外违之，况其迩者乎？言出乎身，加乎民。行发乎迩，见乎远。言行，君子之枢机。枢机⑩之发，荣辱之主也。言行，君子之所以动天地也，可不慎乎？同人，先号咷而后笑。子曰：君子之道，或出或处⑪，或默或语。二人同心，其利断金⑫。同心之言，其臭如兰⑬。初六，藉用白茅，无咎。子曰：苟错诸地⑭而可矣，借之用茅，何咎之有？慎之至也。夫茅之为物薄⑮，而用可重也。慎斯术⑯也以往，其无所失矣。劳谦，君子有终，吉。子曰：劳而不伐，有功而不德，厚之至也。语以其功下人者也。德言盛[17]，礼言恭[18]。谦也者，致恭[19]以存其位者也。亢龙有悔。子曰：贵而无位[20]，高而无民[21]，贤人在下位而无辅，是以动而有悔也。不出户庭，无咎。子曰：乱之所生也，则言语以为阶[22]。君不密[23]则失臣，臣不密则失身，几事[24]不密则害成。是以君子慎密而不出也。子曰：作《易》者其知盗乎？《易》曰负且乘，致寇至。负也者，小人之事也。乘也者，君子之器也。小人而乘君子之器，盗思夺之矣。上慢下暴，盗思伐之矣。慢藏诲盗[25]，冶容诲淫[26]。《易》曰：负且乘，致寇至，盗之招也。

注释

①赜：幽深难见。

②拟：比拟，模仿。

③形容：形状容貌。形：形态，形状。容：容貌。

④物宜：合宜的事物。

⑤会通：会合与变通。

⑥典礼：典法和礼仪。

⑦恶：轻恶，厌恶。

⑧乱：错乱。

⑨拟议：比拟和审议。议：审议。

⑩枢机：枢纽，机关。

⑪或出或处：有时出行有时居处。

⑫其利断金：力量可以削铁断金。

⑬其臭如兰：芳香犹如兰草。臭：读xiù，嗅，气味。

⑭错诸地：放置在地上。错：措，放置。

⑮薄：轻薄，轻微。

⑯术：方法态度。

⑰德言盛：德行讲究盛大。

⑱礼言恭：礼仪讲究恭敬。

⑲致恭：发扬恭敬。

⑳贵而无位：尊贵而没有地位。

㉑高而无民：高贵而没有拥护的臣民。

㉒阶：台阶，契机。

㉓不密：不守机密。

㉔几事：机微的事。

㉕慢藏诲盗：轻忽藏纳招引盗贼。慢：轻慢，轻忽。诲：教，这里指招引。

㉖冶容诲淫：打扮妖艳就是招引淫辱。冶容：打扮妖艳。淫：淫辱。

译文

圣人发现天下间幽深难见的道理，把它比拟成具体的形状容貌，象征成合宜的事物，所以称为象。圣人发现天下间事物的变动，观察它的会合与变通，以施行它的典法和礼仪，附以文辞以断其吉凶，所以称为爻。叙说天下间事物至为幽深难见的道理，不可轻恶，叙述天下间事物的变动，不可错乱。比拟而后叙说，审议而后行动，通过比拟和审议成就变化。鹤在树荫啼鸣，伴侣声声应和，我有美酒，与你共享。孔子说：君子安居在室，发出美善言论，千里外的人都响应它，何况只在近处？君子安居在室，发出不善言论，千里外的人都背离它，何况只在近处。言语发于自身，影响于万民。行动发生在近处，显现在远处。言行，像君子开闭门户的机关。机关的开闭，是荣辱的主宰。言论和行为美善适宜，所以君子能够鼓动天地，怎么可以不慎重呢？与人和同亲辅，先哭后笑。孔子说：君子处世的道理，有时出行有时居处，有时沉默有时言语。二人心志相通，力量可以削铁断金。心志相通时发出的美善言论，芳香犹如兰草。初六，用洁白茅草铺地，没有灾害。孔子说：假如放置在地上也可以，还用茅草铺地，怎么会有灾害？谨慎至极了。茅草是轻微的，但可以发挥重要的功用。谨守这种方法态度而前往，将无所过失。有功劳又谦虚，君子有好结果，吉祥。孔子说：有功劳而不自夸，有功劳而不自居恩德，敦厚至极了。这是说有功劳而谦虚。德行讲究盛大，礼仪讲究恭敬。谦虚，所以能发扬恭敬而保持地位。龙飞得过高，将有悔恨。孔子说：尊贵而没有地位，高贵而没有拥护的臣民，贤人处在下位而不辅助他，所以行动有悔恨。不走出内庭，没有灾害。孔子说：混乱的产生，是以言论为契机。君王言论不守机密就失去臣民拥护，臣民言论不守机密就有杀身之祸，机微的事不守密就会酿成灾害。所以君子谨重守机密而不妄言。孔子说：创作《周易》的人大概很知晓盗贼吧？《周易》说：负重登高，招致贼寇。背负东西，是小人做的事情。车，是君子使用的器具。小人乘坐君子的器具，盗贼就思谋抢夺了。在上位的人傲慢，在下位的人残暴，盗贼就思谋攻伐了。轻忽藏纳就是招引盗贼，打扮妖艳就是招引淫辱。《周易》说：负重登高，招致贼寇，盗贼是自己招引来的。

原文

大衍[①]之数五十，其用四十有九。分而为二以象两[②]，挂一以象三[③]，揲[④]之以四以象四时，归奇[⑤]于扐[⑥]以象闰。五岁再闰，故再扐而后挂。天数五，地数五，五位相得而各有合。天数二十有五，地数三十，凡天地之数五十有五。此所以成变化而行鬼神也。乾之策[⑦]二百一十有六，坤之策百四十有四，凡三百有六十，当期之日。二篇之策[⑧]，万有一千五百二十，当万物之数也。是故四营[⑨]而成《易》，十有八变而成卦，八卦而小成[⑩]。引而伸之[⑪]，触类[⑫]而长之，天下之能事毕矣。显道[⑬]神德行[⑭]，是故可与酬酢[⑮]，可与祐神[⑯]矣。子曰：知变化之道者，其知神之所为乎？

注释

①大衍：广为推演。衍：推演，演算。

②两：天、地两仪。

③三：天、地、人三才。

④揲：取，数。

⑤奇：余下的。

⑥扐：勒，夹。

⑦策：蓍草的根数称为策，一根蓍草为一策。

⑧二篇之策：《周易》上下两篇共六十四卦，三百八十四爻的总策数。

⑨四营：四次演算。

⑩小成：三画卦的三爻象征三才，尚未含括万物情理，所以称为小成。

⑪引而伸之：引申推演。

⑫触类：同类推演。

⑬显道：彰显道理。显：彰显，显明。道：易道。

⑭神德行：神化德行。神：神化。德行：品德行为。

⑮酬酢：一种饮酒礼仪。

⑯祐神：祈求神的保佑。

译文

广为推演的占筮之数用五十根蓍草表示，其中发挥作用的有四十九根。把它分为两份象征天、地两仪，取出一根象征然后天、地、人三才，一束四根数手中蓍草象征四季，剩下的蓍草夹在手指间象征闰月。五年中有两次闰月，所以再一次把余下蓍草夹在手指间，经历三次成为一卦。象征天的数字有五个，象征地的数字有五个，五个数字互相搭配各有和数。象征天的数字相加是二十五，象征地的数字相加是三十，象征天地的数字全部相加是五十五。这是《周易》能够成就变化，通行于天地鬼神之间的原因。乾卦的蓍草总数是二百一十六，坤卦的蓍草总数是一百四十四，总共是三百六十，相当于一年的天数。《周易》上下两篇的蓍草总数是一万一千五百二十，相当于万物总数。所以经历四道程序得出的《易》

卦，其中每十八次变化得出一卦，八个三画卦成为小成。再引申推演，类推延伸，天下间的事情就全部包括了。彰显幽深难见的道理，神化品德行为，所以可以用来交际应酬，可以祈求神的保佑。孔子说：知晓阴阳变化之道的人，大概也知晓神的作为吧？

原文

《易》有圣人之道四焉：以言者尚其辞①，以动者尚其变②，以制器者尚其象③，以卜筮者尚其占。是以君子将有为④也，将有行⑤也，问⑥焉而以言，其受命⑦也如向，无有远近幽深，遂知来物。非天下之至精，其孰能与于此？参伍以变⑧，错综其数⑨，通其变⑩，遂成天下之文。极其数，遂定天下之象。非天下之至变，其孰能与于此？《易》无思也，无为也，寂然不动⑪，感而遂通天下之故。非天下之至神，其孰能与于此。夫《易》，圣人之所以极深⑫而研几⑬也。唯深也，故能通天下之志。唯几也，故能成天下之务。唯神也，故不疾而速⑭，不行而至。子曰：《易》有圣人之道四焉者，此之谓也。

注释

①以言者尚其辞：指导言论的崇尚文辞。以：用。言：言论。尚：崇尚。辞：卦爻辞。

②变：爻的变化。

③象：卦象。

④有为：有所作为。

⑤有行：有所行动。

⑥问：占问。

⑦受命：接受天命指示。

⑧参伍以变：探求三才、天地数的变化。参：三，天、地、人三才。伍：五，天数五，地数五。

⑨错综其数：错综往来地推演筮数。

⑩通其变：会通其中变化。

⑪寂然不动：静处不动。寂：静。

⑫极深：穷究幽深的道理。

⑬研几：研究微小的征兆。几：微小。

⑭不疾而速：不急切而快速完成。疾：急切。速：快速完成。

译文

《周易》包含四种圣人之道：指导言论的崇尚卦文辞，指导行动的崇尚爻的变化，指导制造器具的崇尚卦象，指导卜筮的崇占筮。所以君子将有所作为，将有所行动时，用《周易》贞问后才言说，受到指示像得到了神的回响，无论远近幽深，都能知晓未来的事物变化。不是通晓天下间至为精微的道理，谁能做到这样？探求三才、天地数的变化，错综往来地推演筮数，会通其中的变化，就能成就天下间事物的文彩。极尽筮数，就能通晓天下间事物的象征。不是通晓天下间至为复杂的变化，谁能做到这样？《周易》本身没有思想，没有作为，岿然不动，感悟《易》道而能通晓天下间的事物。不是通晓天下间至为神妙的道理，谁能做到这样？《周易》，是圣人用来穷究幽深道理和微小征兆的。研求幽深的道理，所以能够通晓天下间的心志。研求微小的征兆，所以能成就天下间的事物。研求神妙的《易》道，所以不必急切而快速完成，不必行动就已经到达。孔子说：《周易》包含四种圣人之道，说的就是这些。

原文

天一、地二，天三、地四，天五、地六，天七、地八，天九、地十。子曰：夫《易》何为者也？夫《易》开物[①]成务[②]，冒[3]天下之道，如斯而已者也。是故圣人以通天下之志，以定天下之业，以断天下之疑。是故蓍之德圆而神[4]，卦之德方以知[5]，六爻之义易以贡[6]。圣人以此洗心[7]，退藏于密[8]，吉凶与民同患。神以知来[9]，知以藏往[10]。其孰能与此哉？古之聪明睿知，神武[11]而不杀者夫。是以明于天之道，而察于民之故，是兴神物[12]以前[13]民用。圣人以此齐戒[14]，以神明其德夫。是故阖户[15]谓之坤，辟户[16]谓之乾，一阖一辟谓之变，往来不穷谓之通。见[17]乃谓之象，形[18]乃谓之器，制[19]而用之谓之法，利用出入，民咸用之谓之神。是故《易》有太极，是生两仪，两仪生四象，四象生八卦，八卦定吉凶，吉凶生大业。是故法象莫大乎天地，变通莫大乎四时，县象著明[20]莫大乎日月，崇高莫大乎富贵，备物致用[21]，立成器[22]以为天下利，莫大乎圣人。探赜索隐[23]，钩深致远[24]，以定天下之吉凶，成天下之亹亹[25]者，莫大乎蓍龟。是故天生神物，圣人则之[26]。天地变化，圣人效之。天垂象[27]，见吉凶，圣人象之。河出图，洛出书，圣人则之。《易》有四象，所以示也。系辞焉，所以告也。定之以吉凶，所以断也。

注释

①开物：揭示事物本质。

②成务：成就事物。

③冒：概括。

④圆而神：圆融神妙。圆：圆融。神：神妙。

⑤方以知：端正明智。方：端正。

⑥易以贡：变化指示吉凶。易：变化。贡：指示。

⑦洗心：洗涤内心。

⑧退藏于密：退藏到隐密处。

⑨神以知来：神妙地预知未来。

⑩知以藏往：明智地蕴藏过去。

⑪神武：勇武超神。

⑫兴神物：创作神物。兴：举，创作。神物：卜筮用的蓍草和龟。

⑬前：先，引导。

⑭齐戒：斋戒，保持纯洁恭敬。斋：纯洁。戒：恭敬。

⑮阖户：关门。阖：关闭。

⑯辟户：开门。辟：打开。阖户、辟户象征阴阳交替。

⑰见：读xiàn，显现。

⑱形：成形。

⑲制：制裁。法：法度。

⑳县象著明：高悬在上显著光明。县：读xuán，悬，高悬。著明：显著光明。

㉑备物致用：置备器物供使用。备物：置备器物。

㉒立成器：创造器具。

㉓探赜索隐：探求幽深、隐微的道理。索：求索，找寻。隐：隐微。

㉔钩深致远：钩沉奥妙、深远的道理。

㉕亹：读wěi，勤勉。

㉖圣人则之：圣人效法它。

㉗天垂象：上天悬垂物象。垂：悬垂。

译文

象征天的数字一，象征地的数字二，象征天的数字三，象征地的数字四，象征天的数字五，象征地的数字六，象征天的数字七，象征地的数字八，象征天的数字九，象征地的数字十。孔子说：《周易》为什么取这些数字？《周易》揭示事物本质，成就事物，概括天下间的道理，就是这样的吧。所以圣人通过《周易》通晓天下人的心志，安定天下间的功业，决断天下间的疑惑。所以蓍草的德行是圆融而神妙，《易》卦的德行是端正而明智，六爻的含义在于通过变化指示吉凶。圣人通过《周易》洗涤内心，退藏到隐密处，与万民共同承受吉凶。神妙地预知未来，明智地蕴藏过去。谁能做到这样？古代聪明睿智的人，勇武超神而不滥杀的人。所以明白天道，明察万民事状，所以创作神物引导万民。圣人纯洁恭敬而谨慎，神妙地显示德行。所以闭户含藏称为坤道，开户化生称为乾道，一闭一开称为变化，往来不停称为会通。显现后称为象征，具形后称为器具，制造使用后称为法度，通过门户出入，万民都使用的称为神。所以《周易》中有太极，太极生出天、地两仪，两仪生出太阴、太阳、少阴、少阳四象，四象生出八卦，八卦推定吉凶，吉凶成就功业。所以效仿象征不超过天地，变化会通莫过于四季，高悬在上显著光明的莫过于日月，崇高在上的莫过于富足尊贵，置备器物供使用，创造器具为天下人使用的，莫过于圣人，探求幽深、隐微的道理，钩沉奥妙、深远的道理，以此判定万事万物的吉凶，成就勤勉不懈的功业，莫过于蓍草和灵龟。所以上天诞生神物，圣人效法它。天地发生变化，圣人效法它。上天悬垂物象，表现吉凶，圣人效法它。黄河产出龙图，洛水产出龟书，圣人效法它。《周易》有这四种象，用来显示。附以文辞，用来告示。确定吉凶，用来判断行动得失。

原文

《易》曰：自天祐之，吉无不利。子曰：祐者，助也。天之所助者，顺也。人之所助者，信也。履信思乎顺[①]，又以尚贤也，是以自天祐之，吉无不利也。子曰：书不尽言[②]，言不尽意[③]。然则圣人之意其不可见乎？子曰：圣人立象以尽意，设卦以尽情伪[④]，系辞焉以尽其言，变而通之以尽利，鼓之舞之以尽神。乾坤，其《易》之缊[⑤]邪？乾坤成列[⑥]，而《易》立乎其中矣。乾坤毁，则无以见《易》。《易》不可见，则乾坤或几乎息[7]矣。是故形而上[8]者谓之道，形而下[9]者谓之器，化而裁之[10]谓之变，推而行之[11]谓之通，举而错之[12]天下之民谓之功业。是故夫象，圣人有以见天下之赜，而拟诸其形容，象其物宜，是故谓之象。圣人有以见天下之动，而观其会通，以行其典礼，系辞焉以断其吉凶，是故谓之爻。极天下之赜者存乎卦，鼓天下之动者存乎辞，化而裁之存乎变，推而行之存乎通，神而明之存乎其人，默而成之[13]，不言而信[14]，存乎德行。

注释

①履信思乎顺：践行诚信思于逊顺。履：践行。

②书不尽言：文字无法完全表达言语。书：文字。言：言语。

③意：心意。

④情伪：情感真伪。

⑤蕴：蕴藏，这里指渊源。

⑥成列：陈列，分布。

⑦息：止。

⑧形而上：超出形体以外，无形不可见。

⑨形而下：没有超出形体，有形可见。

⑩化而裁之：转化裁定。化，阴阳转化。裁，裁定，裁成。

⑪推而行之：推移运动。推：推。行：运行，运动。

⑫举而错之：用以施加。举：用。错，措，放置，引申为施加。

⑬默而成之：默默成就。

⑭不言而信：不言语而怀诚信。

译文

《周易》说：有上天保佑，吉祥无不宜。孔子说：祐，是佑助的意思。天所佑助的，是顺服的人。人所佑助的，是诚信的人。践行诚信又思于逊顺，崇尚贤人，所以有上天保佑，吉祥无不宜。孔子说：文字无法完全表达言语，言语无法完全表达心意。那么圣人的心意就无法显现了吗？孔子说：圣人创立卦象来穷尽所要表达的心意，设置卦爻来穷尽所要表达的情感真伪，用文辞来穷尽所要表达的言语，变化会通阴阳爻来穷尽用处，鼓舞穷尽神妙的道理。乾坤，大概是《易》道的渊源？乾坤卦阴阳排列，《易》道就确立在其中了。乾坤毁灭，就无法显现《易》道。《易》道无法显现，乾坤就几乎止息了。所以，超出形体以外，无形不可见的称为道，没有超出形体，有形可见的称为器，转化裁定万物的称为变，推移运动的称为通，用以施加给天下万民的称为功业。所以卦象，是圣人发现天下间幽深难见的道理，把它比拟成具体的形状容貌，象征成特定的事物，所以称为象。圣人发现天下间事物的变动，观察它的会合与变通，以施行它的典法和礼仪，附以文辞以断其吉凶，所以称为爻。极尽天下间幽深难见的依存于卦象，鼓动天下变化的依存于卦爻辞，阴阳转化裁定万物的依赖于变化，阴阳推移运动的依存于变通，神妙显明的依存于人，默默成就，不言语而怀诚信，依存于德行。

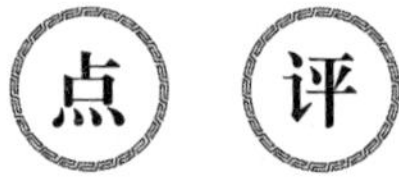

《系辞传》，又称《系辞》，分为《系辞上传》《系辞下传》两篇。朱熹在《周易本义》中将《系辞上传》《系辞下传》各分为十二章。系辞名称的含义，指附系卦爻辞于卦爻象下，也指总论所系卦爻辞的旨意。《系辞传》的内容是通论《易经》和筮法大义，并且对《周易》中一些重要的观念和卦爻辞进行重点解释。《系辞上传》的内容始于“乾坤易简”，终于学《易》“存乎德行”，把《周易》与自然界的发展规律结合起来论述。《系辞上传》第一章以乾坤比喻天地，认为天地万物的规律都可以用八卦说明。第二章论述《周易》六十四卦的创作旨意，指出学习《周易》的重要性及学习方法。第三章论述《周易》对人事的指导意义。第四章极力赞誉《周易》的博大神妙，宣扬掌握《周易》就能够会通天地万物间的道理，进而能够兼济天下。第五章论述阴阳的对立统一作用。第六章赞誉《周易》所含道理的广大悉备。第七章赞誉《周易》的功用。第八章论述卦爻的应用。第九章论述卜卦的具体方法和步骤。第十章赞誉《周易》的至精、至变、至神和尚辞、尚变、尚象、尚占等方面的圣人之道，说明《周易》的宏大精深。第十一章论述《周易》卜筮之法的产生、作用和意义。第十二章论述乾卦、坤卦是《周易》六十四卦的基础。

系辞下传

原文

八卦成列，象在其中矣。因而重之[①]，爻在其中矣。刚柔相推[②]，变在其中焉。系辞焉而命之，动在其中矣。吉凶悔吝者，生乎动者也。刚柔者，立本者也。变通者，趣时[③]者也。吉凶者，贞胜[④]者也。天地之道，贞观[⑤]者也。日月之道，贞明[⑥]者也。天下之动，贞夫一[⑦]者也。夫乾，确然[⑧]示人易矣。夫坤，隤然[⑨]示人简矣。爻也者，效此者也。象也者，像此者也。爻象动乎内，吉凶见乎外。功业见乎变，圣人之情见乎辞。天地之大德曰生，圣人之大宝[⑩]曰位。何以守位？曰仁。何以聚人？曰财。理财正辞[⑪]、禁民为非[⑫]曰义。

注释

①因而重之：依循八卦重叠成六十四卦。重：重叠。

②刚柔相推：阴阳相互推移。

③趣时：趋时，寻求时机。

④贞胜：守正得胜。

⑤贞观：守正被观瞻。

⑥贞明：守正得光明。

⑦贞夫一：守正专一。

⑧确然：刚健的样子。确：刚健。

⑨隤然：卑下的样子。隤：读tuí，卑下。

⑩大宝：尊贵的宝藏。

⑪理财正辞：经营资财，匡正言辞。

⑫禁民为非：禁止民众犯法。

译文

八卦布列，万事万物的象征就在其中了。依循八卦重叠成六十四卦，三百八十四爻就在其中了。阴阳刚柔相互推移，变化就在其中了。附以文辞而明示，运动就在其中了。吉凶悔恨，产生于运动。阴阳刚柔，是确立卦的根本。变化会通，说明在寻求时机。吉凶，说明守正而得胜。天地间的道理，说明守正而被观瞻。日月的道理，说明守正而得光明。天下的变动，说明万事万物都守正专一。乾道，是刚健示人平易。坤道，是卑下示人简约。卦爻，是仿效它的。卦象，是模拟它的。卦爻象在内发动，吉祥显现在外。功业显现在变化中，圣人的情感显现在卦爻辞中。天地的崇高德行是化生，圣人的尊贵宝藏是地位。如何保持地位？要仁德。如何凝聚万民？要资财。经营资财，匡正言辞，禁止民众犯法的是义。

原文

古者包牺氏①之王天下也，仰则观象于天，俯则观法于地，观鸟兽之文②，与地之宜③，近取诸身，远取诸物，于是始作④八卦，以通神明之德，以类万物之情。作结绳而为罔罟⑤，以佃⑥以渔，盖取诸离。包牺氏没⑦，神农氏作，斫木为耜⑧，揉木为耒⑨，耒耨⑩之利，以教天下，盖取诸益。日中⑪为市，致⑫天下之民，聚天下之货，交易而退，各得其所，盖取诸噬嗑。神农氏没，黄帝、尧、舜氏作，通其变，使民不倦。神而化之，使民宜之。易穷则变，变则通，通则久，是以自天祐之，吉无不利。黄帝、尧、舜垂衣裳⑬而天下治，盖取诸乾坤。刳木⑭为舟，剡木⑮

为楫，舟楫之利以济不通，致远以利天下，盖取诸涣。服牛乘马[16]，引重致远，以利天下，盖取诸随。重门击柝[17]，以待暴客[18]，盖取诸豫。断木[19]为杵，掘地为臼，臼杵之利，万民以济，盖取诸小过。弦木为弧[20]，剡木为矢，弧矢之利，以威天下，盖取诸睽。上古穴居而野处[21]，后世圣人易之以宫室，上栋下宇，以待风雨，盖取诸大壮。古之葬者，厚衣[22]之以薪[23]，葬之中野，不封不树[24]，丧期无数[25]，后世圣人易之以棺椁，盖取诸大过。上古结绳而治，后世圣人易之以书契[26]，百官以治，万民以察，盖取诸夬。

注释

①包牺氏：伏羲，传说中的圣王。包：读páo，庖。

②鸟兽之文：鸟兽的花纹。

③地之宜：适宜生存在地上的事物。

④作：初始。

⑤罔罟：读wǎng gǔ，罗网。

⑥佃：读tián，田猎，狩猎。

⑦没：终，死去。

⑧斫木为耜：砍削木头制成耜。斫：读zhuó，砍削。耜：读sì，一种耕地工具。

⑨揉木为耒：弯曲木头制成耒。揉：读róu，弯曲。耒：读lěi，一种耕地工具。

⑩耨：读nòu，一种耕地工具。

⑪日中：中午。

⑫致：招致。

⑬垂衣裳：垂示衣裳。垂：悬垂，引申为垂示。衣：上衣。裳：读cháng，下服。

⑭刳木：挖凿木头。刳：读kū，挖凿。

⑮剡木：砍削木头。剡：读yǎn，砍削。

⑯服牛乘马：乘驾牛马。服：乘驾。

⑰重门击柝：设置多重门户打梆巡夜。重：读chóng，多重。击柝：打梆巡夜。柝：读tuò，巡夜敲击的木梆。

⑱暴客：凶暴的人，盗贼。

⑲断木：砍削木头。

⑳弦木为弧：弯曲木头后加弦制成弓。

㉑野处：生活在野外。

㉒厚衣：厚厚裹覆。衣：裹覆，覆盖。

㉓薪：柴草。

㉔不封不树：不堆坟墓，不植树木。封：封土，堆土。树：种树。

㉕无数：没有定数。

㉖书契：契刻文字。

译文

古代伏羲氏治理天下，仰首观察天的表象，俯首观察地的形状，观察鸟兽的花纹，以及适宜生存在地上的万事万物，近处取象于自身，远处取象于万物，于是开始创制八卦，以此通达神明的德行，类比万物的情状。伏羲氏开始编结绳索制作罗网，用来猎兽捕鱼，大概取象于离卦。伏羲氏死后，神农氏继起，砍削木头制成耜，弯曲木头制成耒，用耒耜耕种的便利，来教导天下万民，大概取象于益卦。在中午开集市，招揽天下万民，聚集天下货物，相互交换而归，各人都获得了所需的物品，大概取象于噬嗑卦。神农氏死后，黄帝、尧、舜氏继起，会通变革，使百姓进取不懈。神妙地变化，使民众相适应。《易》道穷尽则变化，变化则会通，会通则长久，所以有上天保佑，吉祥无不宜。黄帝、尧、舜垂示衣裳，天下达到盛世，大概取象于乾坤二卦。挖凿木头制成舟船，砍削木头制成桨楫，用舟楫的便利渡过江河，直达远方，便利天下，大概取象于涣卦。乘驾牛马，负载重物直达远方，便利天下，大概取象于随卦。设置多重门户打梆巡夜，用来防备盗贼，大概取象于豫卦。砍削木头制成杵，挖掘地面制成臼，臼杵的便利让万民受益，大概取象于小过卦。弯曲木头后加弦制成弓，削尖木头制成箭，弓箭的便利用来威服天下，大概取象于睽卦。上古时的人在洞穴中居住，生活在野外，后代的圣人改住宫室，上有栋梁，下有檐宇，用来遮风挡雨，大概取象于大壮卦。古代的丧葬，用柴草厚厚裹覆，埋葬在野外，不堆坟墓，不植树木，丧期没有定数，后代的圣人改用棺椁，大概取象于大过卦。上古的人系结绳索记事来处理事务，后世的圣人改用契刻文字，百官用它来处理事务，万民用它来考察事务，大概取象于夬卦。

原文

是故《易》者，象也。象也者，像也。彖者，材[①]也。爻也者，效天下之动者也。是故吉凶生而悔吝著也。

注释

①材：裁，裁断。

译文

所以《周易》，是说明卦象的。卦象，是象征事物的。彖辞，是裁定卦含义的。爻，是效法天下事物变动的。所以吉凶产生，悔恨显现。

原文

阳卦多阴，阴卦多阳。其故何也？阳卦奇，阴卦耦[①]。其德行何也？阳一君而二民，君子之道也。阴二君而一民，小人之道也。

注释

①耦：读ǒu，偶数，双数。

译文

阳卦多阴爻，阴卦多阳爻。为什么？阳卦以一阳奇为主，阴卦以一阴耦为主。阴阳卦德行是什么？阳卦有一个君王，两个臣民，是君子之道。阴卦两个君王，一个臣民，是小人之道。

原文

《易》曰：憧憧[①]往来，朋从尔思。子曰：天下何思何虑？天下同归而殊途，一致[②]而百虑，天下何思何虑？日往则月来，月往则日来，日月相推而明生焉。寒往则暑来，暑往则寒来，寒暑相推而岁成焉。往者屈也，来者信也，屈信[③]相感而利生焉。尺蠖[④]之屈，以求信也。龙蛇之蛰[⑤]，以存身也。精义入神[⑥]，以致用也。利用安身，以崇德也。过此以往，未之或知也。穷神知化[⑦]，德之盛也。《易》曰：困于石，据于蒺藜，入于其宫，不见其妻，凶。子曰：非所困而困焉，名必辱。非所据而据焉，身必危。既辱且危，死期将至，妻其可得见邪？《易》曰：公用射隼于高墉之上，获之，无不利。子曰：隼者，禽也。弓矢者，器也。射之者，人也。君子藏器于身[⑧]，待时而动，何不利之有？动而不括[⑨]，是以出而有获，语成器而动[⑩]者也。子曰：小人不耻[⑪]不仁，不畏不义，不见利不劝[⑫]，不威不惩。小惩而大诫，此小人之福也。《易》曰：履校灭趾，无咎，此之谓也。善不积不足以成名，恶不积不足以灭身。小人以小善为无益而弗为也，以小恶为无伤而弗去也，故恶积而不可掩，罪大而不可解。《易》曰：何校灭耳，凶。子曰：危者，安其位者也。亡者，保其存者也。乱者，有其治者也。是故君子安而不忘危，存而不忘亡，治而不忘乱。是以身安而国家可保也。《易》曰：其亡其亡，系于苞桑。子曰：德薄而位尊，知小而谋大，力少而任重，鲜不及矣。《易》曰：鼎折足，覆公餗，其形渥，凶，言不胜其任也。子曰：知几其神乎？君子上交不谄，下交不渎，其知几乎。几者，动之微，吉之先见者也。君子见几而作，不俟终日。《易》曰：介于石，不终日，贞吉。介如石焉，宁用终日？断可识矣。君子知微知彰，知柔知刚，万夫之望。子曰：颜氏之子，其殆庶几乎？有不善，未尝不知，知之，未尝复行也。《易》曰：不远复，无祇悔，元吉。天地絪温，万物化醇。男女构精，万物化生。《易》曰：三人行，则损一人。一人行，则得其友，言致一也。子曰：君子安其身而后动，易其心而后语，定其交而后求，君子修此三者，故全也。危以动，则民不与也。惧以语，则民不应也。无交而求，则民不与也。莫之与，则伤之者至矣。《易》曰：莫益之，或击之，立心勿恒，凶。

注释

①憧：读chōng，心意不定的样子。

②一致：归致于一。岁：年。屈：消退。信：通伸，进长。

③屈信：屈缩伸展。

④尺蠖：一种昆虫。蠖：读huò。

⑤蛰：潜伏，潜藏。

⑥精义入神：精研道义探求神妙之理。

⑦穷神知化：穷尽神妙之理，知晓变化规律。穷：穷尽。知：知晓。

⑧藏器于身：配备器具在身上。

⑨动而不括：行动不受阻碍。

⑩成器而动：配备器具然后有所行动。

⑪不耻：不知羞耻。

⑫不劝：不勤勉。劝：勤勉。

译文

《周易》说：心意不定往来走动，朋友顺从你的想法。孔子说：天下之事何必思索、忧虑？天下万物本同归于一而道路各异，归致于一而有百般思虑，天下之事何必思索、忧虑？日落则月升起，月落则日升起，日月相互推移而光明产生。寒季过去则暑季到来，暑季过去则寒季到来，寒暑相互推移而一年形成。往，就是屈缩，来，就是伸展。屈伸相互感应而功业生成。尺蠖屈缩，是为了求得伸展。龙蛇蛰伏，是为了保存自身。精研道义探求神妙之理，是为了付诸运用。安居自身，是为了增崇德行。超过此境而妄自前往，则前路难以获知。穷尽神妙之理，知晓变化规律，是德行隆盛的表现。《周易》说：被石头所困，又有蒺藜占据，入于宫室而看不到妻子，凶。孔子说：被石头困阻，在蒺藜上前进，进入宫室，看不到妻子，有凶险。孔子说：不该困阻而遭遇困阻，名声必然受到屈辱。不该占据而占据，自身必然有凶险。既受屈辱又有凶险，死期将来到，怎么能看到妻子呢？《周易》说：公侯在城墙上射鹰隼，俘获它，无不宜。孔子说：鹰隼，是禽鸟。弓箭，是射鸟的器具。射鹰隼的，是人。君子配备器具在身上，等待时机而行动，怎会有不宜之处？行动不受阻碍，所以外出有收获，是说配备器具然后有所行动。孔子说：小人不知羞耻，不明仁德，无所畏惧不行道义，不看到好处就不勤勉，不受威服不受惩罚。略施惩罚使他大受警戒，这是小人的福祉。《周易》说：刑具隐没了脚趾，没有灾害，说的就是这些。善事不积累不足以成就声名，恶事不积累不足以毁灭自身。小人将微小善事看作无好处就不去做，把微小恶事看作无伤害就不去除，所以恶事积累到无法掩盖，罪恶大到不可解脱。《周易》说：刑具隐没了耳朵，有凶险。孔子说：凶险，是安逸自居导致的。灭亡，是自恃保全自身导致的。混乱，是自夸可以治理导致的。所以君子安居而不忘凶险，生存不忘灭亡，治理而不忘混乱。所以自身安定，国家就可以保全。《周易》说：心怀忧患，像丛生的桑树一样坚固不拔。孔子说：德行浅薄而地位尊贵，才智低下而图谋大事，力量微小而肩负重任，很少有不受灾害的。《周易》说：鼎足折断，公侯的粥汤被倾倒，沾濡了鼎身，有凶险，是说不堪胜任。孔子说：知晓事物发展的征兆，大概就是得到神妙之理了吧？君子与上级相交而不谄媚，与下级相交不怠慢，大概是知晓事物发展的征兆了。几，是事物发展变动的征兆，吉的先现。君子看到事物发展的征兆而有所行动，不待整日就能完成。《周易》说：耿介如石，不到一整日，守正就吉祥。坚固如同磐石，怎会用到一整天？当即决断就可以明知了。君子知晓事物发展的征兆就能知晓显著，知晓柔顺就能知晓刚健，这正是万民所瞻仰。孔子说：颜回，大概快知晓事物发展的征兆了吧？他有不善的事，没有不自知的，知道就不再做。《周易》说：未走远就返回，没有大的悔恨，初始吉祥。天地二气缠绵交感，万物化育凝固。男女交合精华，万物化育诞生。《周易》说：三人出行，会减损一人，一人行，会得到朋友，是阴阳合二归一的表现。孔子说：君子先安定自身而后行动，平和内心而后言说，确定交往而后有所求，君子修养这三种德行，所以两全其美。有危险而行动，民众就不会拥护。有恐惧而言话，民众就不会响应。没有交往而有所求，民众就不会拥护。民众不拥护，伤害就要到来了。《周易》说：没人增益他，有时攻击他。居心不长久，有凶险。

原文

子曰：乾坤，其《易》之门[1]邪？乾，阳物也。坤，阴物也。阴阳合德[2]而刚柔有体[3]，以体天地之撰[4]，以通神明之德。其称名[5]也，杂而不越[6]，于稽其类[7]，其衰世之意邪？夫《易》，彰往[8]而察来[9]，而微显[10]阐幽[11]。开[12]而当名[13]辨物[14]，正言断辞[15]则备矣。其称名也小，其取类[16]也大，其旨远，其辞文[17]，其言曲而中[18]，其事肆而隐[19]。因贰以济民行[20]，以明失得之报[21]。

注释

①门：门户。

②阴阳合德：阴阳刚柔之德互相交合。合：互相交合，交通。

③刚柔有体：阴阳刚柔有形体。体：形体，这里指卦体。

④天地之撰：体现天地的作为。撰：作为。

⑤称名：取卦名。

⑥杂而不越：杂乱而不过越。

⑦于稽其类：推考各种类别。于：发语词。稽：推考。类：类别。

⑧彰往：彰显以往的事。

⑨察来：察知未来的事。

⑩微显：使隐微的事显现。

⑪阐幽：使幽隐的事阐明。

⑫开：开启，开释。

⑬当名：名实相符。

⑭辨物：辨别物象。

⑮正言断辞：正定卦爻言辞使之完备。正言：正定卦爻辞义。断辞：裁断卦爻辞吉凶。

⑯取类：取象的事类，象征的事类。

⑰文：文彩。

⑱曲而中：隐晦而中肯。曲：隐晦曲折。中：中肯。

⑲肆而隐：显明而隐含深意。肆：明显。隐：隐含深意。

⑳济民行：救济民众行为。济：救济，助济。行：行为。

㉑失得之报：得失的征兆。报：征兆。

译文

孔子说：乾坤二卦，大概是《周易》的门户吧？乾，是阳的物象。坤，是阴的物象。阴阳刚柔之德互相交合，刚柔就有了形体，用来体现天地的作为，通达神妙光明的德行。《周易》卦名杂乱而不超出卦义，推考卦名的各种类别，大概是圣人处在衰世时的思想吧？《周易》，彰显以往的事，察知未来的事，使隐微的事显现，使幽隐的事阐明。开释卦义，使各卦名实相符而明辨物象，正定卦爻言辞使之完备。《易》卦取名虽小，但所象征的事类广大，蕴含的旨意深远。《易》卦的卦爻辞有文彩，言论隐晦而中肯，所论的事显明而隐含深意。运用这两方面来救济民众的行为，来说明得失的征兆。

原文

《易》之兴也，其于中古①乎？作《易》者，其有忧患乎？是故履，德之基②也。谦，德之柄③也。复，德之本④也。恒，德之固⑤也。损，德之修⑥也。益，德之裕⑦也。困，德之辨⑧也。井，德之地⑨也。巽，德之制⑩也。履，和而至⑪。谦，尊而光⑫。复，小而辨于物⑬。恒，杂而不厌⑭。损，先难而后易。益，长裕而不设⑮。困，穷而通⑯。井，居其所而迁⑰。巽，称而隐⑱。履以和行，谦以制礼⑲，复以自知⑳，恒以一德㉑，损以远害，益以兴利㉒，困以寡怨㉓，井以辩义㉔，巽以行权㉕。

注释

①中古：殷末周初。伏羲时为上古，文王时为中古，孔子时为下古。

②德之基：德行的基础。基：基础。

③德之柄：德行的把柄。柄：把柄。

④德之本：德行的根本。本：根本。

⑤德之固：德行的巩固，巩固德行。固：巩固。

⑥德之修：德行的修养，修养德行。修：修养。

⑦德之裕：德行的充实，充实德行。裕：充裕，充实。

⑧德之辨：德行的辨明，辨明德行。辨：辨明。

⑨德之地：德行的处所。地：处所。

⑩德之制：德行的裁断。制：裁断。

⑪和而至：平和而践行。和：平和。至：践行，做到。

⑫尊而光：尊让而光大。尊：尊让。光：光大。

⑬小而辨于物：细微而能辨别事物。小：细微。

⑭杂而不厌：处杂乱而不生厌。

⑮长裕而不设：增长充实而不虚设。长：增长。裕：充裕。不设：不陈设，不虚设。

⑯穷而通：穷困而能通达。

⑰居其所而迁：安居住所而迁养民众。居：安居。迁：迁养。

⑱称而隐：顺势号令而不自显现。称：顺势。

⑲制礼：制订礼仪。

⑳自知：自我审知。

㉑一德：专守德行。

㉒兴利：增长功利。

㉓寡怨：减少幽怨。

㉔辨义：辨别道义。

㉕行权：施行权宜。

译文

《周易》的产生，大概在中古时代吧？创作《周易》的人，大概心怀忧患吧？所以履卦象征的礼，是德行的基础。谦卦象征的谦虚，是德行的把柄。复卦象征的回归常理，是德行的根本。恒卦象征的守正长久，是德行的巩固。损卦象征的减损不善，是德行的修养。益卦象征的施益，是德行的充实。困卦象征的困穷守正，是德行的辨明。井卦象征的井养无穷，是德行的处所。巽卦象征的顺势施命，是德行的裁断。履卦，教人平和而践行。谦卦，教人尊让而光大。复卦，教人细微而能辨别事物。恒卦，教人居处杂乱而不生厌。损卦，教人先行困难而后容易。益卦，教人增长充实德行而不虚设。困卦，教人居处穷困而能通达。井卦，教人安居住所而迁养民众。巽卦，教人顺势号令而不自显现。履卦用来平和行事，谦卦用来制定礼仪，复卦用来自我审知，恒卦用来专守德行，损卦用来远离灾害，益卦用来增长功利，困卦用来减少幽怨，井卦用来辨别道义，巽卦用来顺势施行权变。

原文

《易》之为书也，不可远①，为道也屡迁②，变动不居③，周流六虚④，上下无常⑤，刚柔相易⑥，不可为典要⑦，唯变⑧所适⑨。其出入以度⑩，外内⑪使知惧。又明于忧患与故⑫，无有师保⑬，如临父母。初率其辞⑭，而揆其方⑮，既有典常。苟非其人，道不虚行⑯。

注释

①不可远：不可疏远。远：疏远。

②屡迁：屡次变化。徙：变化。

③变动不居：变动推移不固定。变动：变化推移。不居：不定居，不固定。

④周流六虚：遍及流布在六爻中。周：遍及。流：流布。六虚：六位。

⑤上下无常：上下往来无常规。上下：卦中六爻的上下位置。

⑥相易：互相交易，互相交换。

⑦典要：固定纲要，固定的规则。

⑧变：随时应变。

⑨适：去往，在外在内。

⑩出入以度：出入往来遵守法度。度：法度。

⑪外内：内外。

⑫忧患与故：忧患的缘故。故，缘故。

⑬无有师保：没有师长。师保：古代负责教导贵族子弟的人。

⑭率其辞：遵循卦爻辞。率：遵循。辞：卦爻辞。

⑮揆其方：揆度道义。揆：揆度。方：道义。

⑯道不虚行：道理不会凭空流传。虚行：凭空流传。

译文

《周易》这部书，不可疏远，它所蕴含的道理时时变化，变化推移不固定，遍及流布在卦的六位当中，上下往来无常规，阳刚阴柔相互变易，不可作为固定纲要，只有随时应变所有去向。出入往来都遵守法度，在外在内都有所惕惧。又可以明白忧患的缘故，虽无师长教导，也如同父母在身边教诲。初始就遵循卦爻辞，揆度道义，就掌握了随时应变而经常可行的规律。如果不是圣人阐明道理，道理就不会凭空流传。

原文

《易》之为书也，原始[①]要终[②]以为质[③]也。六爻相杂[④]，唯其时物[⑤]也。其初难知，其上易知，本末也。初辞拟之，卒成之终。若夫杂物[⑥]撰德[⑦]，辩是与非，则非其中爻不备。噫。亦要存亡吉凶，则居可知矣。知者观其彖辞，则思过半矣。二与四同功而异位，其善不同，二多誉，四多惧，近也。柔之为道，不利远[⑧]者，其要无咎，其用柔中也。三与五同功而异位，三多凶，五多功，贵贱之等也。其柔危，其刚胜[⑨]邪？

注释

①原始：推原初始。

②要终：归纳终结。

③质：体。

④相杂：互相错杂。

⑤时物：不同时间的事物。时：时机。

⑥杂物：杂糅代表不同事物的爻。

⑦撰德：撰述阴阳刚柔的德行。

⑧不利远：不利远离。

⑨胜：胜任。

译文

《周易》这部书，推原初始归纳终结而形成卦体大义。六爻互相错杂，代表不同时间的事物。它的初爻难以知晓，上爻容易知晓，因为初爻、上爻是一卦的初始和末尾。初爻爻辞拟成事物开端，上爻爻辞象征事物终结。至于杂糅代表不同事物的爻，撰述阴阳刚柔的德行，辨别是非，那么非中间四爻就不算完备。是啊。存亡吉凶的要旨，居观卦象就可以知道了。睿智的人观察彖辞，卦义理解就过半了。二爻与四爻有相同功用但爻位不同，它们的善否也不同，二爻在下居中多赞誉；四爻在上多惕惧，因为接近五爻。阴柔之道，本不利于远离九五爻，它的要旨在于归于无咎，功用在于以柔居中。三爻和五爻有相同功用但爻位不同，三爻多凶险，五爻多功绩，因为地位贵贱不同。大概阴柔在三爻和五爻就有凶险，阳刚在三爻和五爻就胜任吧?

原文

《易》之为书也，广大悉备[①]，有天道焉，有人道焉，有地道焉。兼三才而两之，故六。六者，非它也，三材之道也。道有变动，故曰爻。爻有等，故曰物。物相杂，故曰文。文不当[②]，故吉凶生焉。

注释

①悉备：全备。

②文不当：文彩不适当。不当：不适当，这里指阴阳爻处位不适当。

译文

《周易》这部书，道理广大而周备，有天道，有人道，有地道。兼备天、地、人三才而两两相重，所以成为一卦六画。六画，不是其他，就是天、地、人三才之道。道有变动，所以称为爻。爻有不同等级，所以称为物。阴阳万物互相杂糅，所以成为文彩。文彩不适当，所以产生吉凶。

原文

《易》之兴也，其当殷之末世①，周之盛德②邪？当文王与纣之事邪？是故其辞危。危者使平③，易者使倾④。其道甚大，百物不废⑤。惧以终始⑥，其要无咎⑦，此之谓《易》之道也。

注释

①末世：末期。

②盛德：德业隆盛时。

③危者使平：凶险使人平安。使平：使平安。

④易者使倾：安逸使人倾覆。易：平易，引申为安逸。倾：倾覆。

⑤百物不废：万物不遗弃。废：遗弃。

⑥惧以终始：自始至终保持惕惧。

⑦要无咎：要旨无咎。

译文

《周易》的产生，大概在殷商末期，周代德业隆盛之时吧？反映的是文王和纣王的事情吧？所以它的文辞蕴含警戒惕惧。凶险使人平安，安逸使人倾覆。《易》道博大，万物都在其中而无所遗弃。自始至终保持惕惧，要旨归于无咎，这就是《周易》的道理。

原文

夫乾，天下之至健[①]也，德行恒易[②]以知险[③]。夫坤，天下之至顺也，德行恒简[④]以知阻[⑤]。能说诸心[⑥]，能研诸侯之虑[⑦]，定天下之吉凶，成天下之亹亹[⑧]者。是故变化云为[⑨]，吉事有祥[⑩]，象事知器[⑪]，占事知来[⑫]。天地设位[⑬]，圣人成能[⑭]，人谋鬼谋[⑮]，百姓与能[⑯]。八卦以象告，爻象以情言。刚柔杂居，而吉凶可见矣。变动以利言，吉凶以情迁[⑰]。是故爱恶相攻[⑱]而吉凶生，远近相取[⑲]而悔吝生，情伪相感[⑳]而利害生。凡《易》之情，近而不相得则凶，或害之，悔且吝。将叛者其辞惭[㉑]，中心疑者其辞枝[㉒]，吉人之辞寡，躁人之辞多，诬善之人其辞游[㉓]，失其守者其辞屈[㉔]。

注释

①至健：至为刚健。

②恒易：永远平易。

③知险：知晓凶险。

④恒简：永远简约而知晓阻难。

⑤知阻：知晓阻难。

⑥说诸心：娱悦众人。说：读yuè，愉悦。诸心：众人内心。

⑦研诸侯之虑：研磨众人的忧虑。研：研磨。虑：忧虑。

⑧亹：读wěi，勤勉。

⑨变化云为：变化而有所作为。云为：有所作为。云：有。

⑩吉事有祥：吉祥的事有祥和征兆。祥：祥和征兆。

⑪象事知器：观察卦象知晓器具制作。象事：观察卦象的事。知器：知晓器具制作。

⑫占事知来：卜筮预知未来。占事：占卜的事。知来：预知未来。

⑬天地设位：天地创设尊卑之位。

⑭圣人成能：圣人成就天地功用。

⑮人谋鬼谋：人的智谋与鬼神的智谋。

⑯百姓与能：普通民众参与谋虑。

⑰吉凶以情迁：吉凶随爻的实情而变迁。

⑱爱恶相攻：爱恶相互攻击，这里指阴阳刚柔互相推移。

⑲远近相取：远近亲疏相互取舍。相取：相互取舍。

⑳情伪相感：真情与虚伪相互感应。相感：相互感应。

㉑惭：惭愧不安。

㉒枝：树枝，引申为杂乱无章。

㉓游：虚浮不定。

㉔屈：亏屈不展。

译文

乾，是天下间最刚健事物的象征，它的德行是永远平易而知晓艰险。坤，是天下间最柔顺事物的象征，它的德行是永远简约而知晓阻难。能娱悦众人，能研磨众人忧虑，判定天下事物的吉凶，促成天下万物勤勉奋发。所以变化而有所作为，吉祥的事有祥和征兆，观察卦象可以知晓器具制作，占卜可以预知未来。天地设立刚柔尊卑的位置，圣人依此创成卦爻成就天地功用，于是人的智谋与鬼神的智谋，普通民众也能参与谋虑。八卦用象征告知，卦爻辞用事物实情来言说。刚柔阴阳互相杂居，吉凶就可以显现了。爻的变动用利表达，吉凶随爻的实情而变迁，所以爱恶相互攻击而吉凶生成，爻的远近亲疏相互取舍而悔恨产生，真情与虚伪相互感应而产生利害。凡是《周易》所论的情感，两爻相近而不相得就必有凶险，或有伤害，或有悔恨。将背叛的人言辞惭愧不安，内心疑惑的人言辞杂乱无章，吉善的人言辞少，浮躁的人言辞多，诬陷好人的言辞虚浮不定，丧失操守的人言辞亏屈不展。

《系辞下传》的内容始于八卦吉凶要义，终于象理辞情特征。第一章论述《周易》的内涵和功用，说明卦爻的吉凶含义和治国原则。第二章论述卦象与器物的内部联系。第三章论述卦爻象和卦爻辞的作用。第四章论述阳卦、阴卦的特点和性质。第五章解释九卦十一条爻辞，这些卦的卦爻辞创作于殷末周初，多含危惧警戒之意，反映了殷末周初周文王兴起与商纣王灭亡的历史经验和教训。第六章论述乾卦、坤卦作为《周易》六十四卦门户的重要性，论述卦爻辞的特点和作用，说明《周易》的创作时代。第七章三次用九卦说明《周易》的忧患内涵，指出必须加强德行修养。第八章说明学习《周易》的要领，强调《周易》道理变动不居的特点。第九章说明六爻的特点和学习《周易》的方法。第十章论述《周易》对天、地、人三才的效法，说明吉凶产生的过程。第十一章说明《周易》卦爻辞的主旨。第十二章论述乾卦、坤卦的特点和作用，说明《周易》占筮的作用。

说卦传

原文

昔者圣人之作《易》也，幽赞[①]于神明而生蓍[②]，参天[③]两地[④]而倚数[⑤]，观变于阴阳而立卦，发挥[⑥]于刚柔而生爻，和顺[⑦]于道德而理于义[⑧]，穷理尽性[⑨]以至于命。

注释

①幽赞：深深祈求。幽：深。赞：求，祈求。

②生蓍：创立揲蓍之法。生：创立。蓍：蓍草，这里指揲蓍之法。

③参天：天数三。

④两地：地数两。

⑤倚数：设立筮数。

⑥发挥：变动。

⑦和顺：平和地顺成。

⑧理于义：治理事物使它适宜。理：治理。义：适宜。

⑨穷理尽性：穷究物理人性。穷：穷究。尽：穷究。

译文

从前圣人创作《周易》的时候，深深祈求神明而创立揲蓍之法，以天数三与地数两为依据设立筮数，观察阴阳变化而创立卦画，变动刚柔推移而产生爻，平和地顺成道德而治理事物使它适宜，穷究物理人性而通晓天命。

原文

昔者圣人之作《易》也，将以顺性命之理。是以立天之道曰阴与阳，立地之道曰柔与刚，立人之道曰仁与义。兼三才而两之①，故《易》六画而成卦，分阴分阳②，迭用柔刚③，故《易》六位④而成章⑤。

注释

①兼三才而两之：兼备天、地、人三才之画而互相重叠。兼：兼备。两：两相重叠。

②分阴分阳：分别阴阳刚柔。

③迭用柔刚：交替运用阴阳刚柔。迭：交替。

④六位：六位具备。

⑤成章：蔚然成章。

译文

从前圣人创作《周易》的时候，是用来顺合万物的性质和天命规律。所以创立天道为阴和阳，创立地道为柔和刚，确立人道为仁和义。兼备天、地、人三才之画而互相重叠，所以《周易》六画成为一卦，六画分别阴阳刚柔，交替运用阴阳刚柔，所以《周易》卦体六位具备而蔚然成章。

原文

天地定位①，山泽通气②，雷风相薄③，水火不相射④，八卦相错⑤。数往者顺⑥，知来者逆⑦，是故《易》逆数也。

注释

①天地定位：天地确立上下位置。

②山泽通气：高山和水泽气息相通。

③雷风相薄：雷和风相迫而动。薄：迫入。

④水火不相射：水和火不相排斥。射：厌，排斥。

⑤相错：错杂。

⑥数往者顺：以数推算过往可以顺势而得。数：以数推算。往者：过往的事。顺：顺势。

⑦知来者逆：预知未来要逆意求得。逆：逆向，逆意求得。

译文

天和地确定上下位置，高山和水泽气息相通，雷和风相迫而动，水和火不相排斥，八卦相互错杂成为六十四卦。以数推算过往可以顺势而得，预知未来要逆意求得，所以《周易》的卜筮功能侧重于逆推未来。

原文

雷以动[①]之，风以散[②]之。雨以润[③]之，日以烜[④]之。艮以止之，兑以说之。乾以君之，坤以藏之。

注释

①动：鼓动。

②散：散布。

③润：滋润。

④烜：读xuǎn，晒干，干燥。

译文

象征雷电的震卦鼓动万物，象征风的巽卦散布万物。象征雨的坎卦滋润万物，象征日的离卦干燥万物。象征山的艮卦制约万物，象征泽的兑卦娱悦万物。取象于天的乾卦统领万物，取向于地的坤卦涵藏万物。

原文

帝[1]出乎震，齐[2]乎巽，相见[3]乎离，致役[4]乎坤，说[5]言乎兑，战[6]乎乾，劳[7]乎坎，成言乎艮。万物出乎震，震东方也。齐乎巽，巽东南也，齐也者，言万物之絜齐[8]也。离也者，明也，万物皆相见，南方之卦也，圣人南面[9]而听天下[10]，向明而治，盖取诸此也。坤也者，地也，万物皆致养焉，故曰致役乎坤。兑，正秋也，万物之所说也，故曰说言乎兑。战乎乾，乾西北之卦也，言阴阳相薄[11]也。坎者，水也，正北方之卦也，劳卦也，万物之所归[12]也，故曰劳乎坎。艮东北之卦也，万物之所成终[13]而成始[14]也，故曰成言乎艮。

注释

①帝：天，这里指万物。

②齐：整齐。

③相见：显现。

④役：从事，役养。

⑤说：读yuè，愉悦。

⑥战：交接。

⑦劳：劳倦。

⑧絜齐：整齐。絜：读xié，用绳子量，引申为修整。

⑨南面：面向南方而坐。古代以坐北朝南为尊位。

⑩听天下：治理天下。听：听政，治理。

⑪阴阳相薄：阴阳相应。薄：迫入。

⑫归：藏。

⑬成终：完成终结。

⑭成始：达成初始。

译文

万物生于震卦位，生长整齐于巽卦位，显现于离卦位，役养于坤卦位，欣悦于兑卦位，相接于乾卦位，劳倦息于坎卦位，成就于艮卦位。万物生于震卦位，震卦位在东方。生长整齐于巽卦位，巽卦位在东南方，整齐，是说万物整齐。离卦，取象于光明，万物都互相显现，是位在南方的卦，圣人面向南方而坐听政于天下，朝向光明治理天下，大概取象于此吧。坤卦，取象于地，万物都获养于地，所以说：役养于坤卦位。兑卦，取象于正秋季节，万物都喜悦于收获，所以说：欣悦于兑卦位。相接于乾卦位，乾卦，是位在西北方的卦，是说阴阳相应。坎卦，取象于水，是位在正北方的卦，是劳倦的卦，万物劳倦必归而休息，所以说：劳倦息于坎卦位。艮卦是位东北的卦，万物在此完成它的终结而又有新的开始，所以说：成就于艮卦位。

原文

神也者，妙万物而为言者也。动万物者莫疾①乎雷，桡②万物者莫疾乎风，燥③万物者莫熯④乎火，说万物者莫说乎泽，润万物者莫润乎水，终万物始万物者莫盛乎艮。故水火相逮⑤，雷风不相悖，山泽通气，然后能变化既成万物也。

注释

①疾：急速。

②桡：读ráo，舟辑，引申为吹散。

③燥：干燥。

④熯：读hàn，干燥。

⑤水火相逮：水火相互吸引。逮：及。

译文

所谓神，是指奇妙生成万物而言。鼓动万物没有比雷更迅猛的，吹散万物没有比风更迅疾的，干燥万物没有比火更炎热的，娱悦万物没有比泽更欣悦的，滋润万物没有比水更湿润的，终结、开始万物没有比艮更成功的。所以水火相互吸引，雷风不相违背，山泽气息相通，然后能变化而生成万物。

原文

乾，健也。坤，顺也。震，动也。巽，入也。坎，陷也。离，丽[①]也。艮，止也。兑，说也。

乾为马，坤为牛，震为龙，巽为鸡，坎为豕，离为雉，艮为狗，兑为羊。

乾为首，坤为腹，震为足，巽为股，坎为耳，离为目，艮为手，兑为口。

注释

①丽：依附，附着。

译文

乾卦，代表刚健。坤卦，代表柔顺。震卦，代表震动。巽卦，代表渗入。坎卦，代表陷险。离，代表依附。艮卦，代表静止。兑卦，代表喜悦。

乾卦取象于马，坤卦取象于牛，震卦取象于龙，巽卦取象于鸡，坎卦取象于猪，离卦取象于野鸡，艮卦取象于狗，兑卦取象于泽。

乾卦取象于头，坤卦取象于腹，震卦取象于足，巽卦取象于股，坎卦取象于耳，离卦取象于目，艮卦取象于手，兑卦取象于口。

原文

乾，天也，故称乎父。坤，地也，故称乎母。震一索[①]而得男，故谓之长男。巽一索而得女，故谓之长女。坎再索而得男，故谓之中男。离再索而得女，故谓之中女。艮三索而得男，故谓之少男。兑三索而得女，故谓之少女。

注释

①一索：求取一爻。

译文

乾卦，取象于天，所以称为父。坤卦，取象于地，所以称为母。震卦是乾坤相交初次求取一阳而成的，所以称为长男。巽卦是乾坤相交初次求取一阴而成的，所以称为长女。坎是乾坤相交再次求取一阳而成的，所以称为中男。离卦是乾坤相交再次求取一阴而成的，所以称为中女。艮卦是乾坤相交第三次求取一阳而成的，所以称为少男。兑卦是乾坤相交第三次求取一阴而成的，所以称为少女。

原文

乾为天，为圜[①]，为君，为父，为玉，为金，为寒，为冰，为大赤[②]，为良马，为老马，为瘠马[③]，为驳马[④]，为木果。

坤为地，为母，为布[⑤]，为釜[⑥]，为吝啬，为均，为子母牛，为大舆[⑦]，为文，为众，为柄[⑧]，其于地也为黑。

震为雷，为龙，为玄黄[⑨]，为旉[⑩]，为大涂[⑪]，为长子，为决躁[⑫]，为苍筤竹[⑬]，为萑苇[⑭]，其于马也为善鸣，为馵[⑮]足，为作足[⑯]，为的颡[⑰]，其于稼也为反生[⑱]，其究[⑲]为健，为蕃鲜[⑳]。

巽为木，为风，为长女，为绳直[21]，为工，为白，为长，为高，为进退[22]，为不果[23]，为臭[24]，其于人也为寡发[25]，为广颡[26]，为多白眼[27]，为近利市三倍[28]，其究为躁卦[29]。

坎为水，为沟渎[30]，为隐伏，为矫輮[31]，为弓轮[32]，其于人也为加忧，为心病，为耳痛，为血卦[33]，为赤，其于马也为美脊，为亟心[34]，为下首[35]，为薄蹄[36]，为曳[37]，其于舆也为多眚[38]，为通，为月，为盗，其于木也为坚多心[39]。

离为火，为日，为电，为中女，为甲胄[40]，为戈兵[41]，其于人也为大腹，为乾卦，为鳖，为蟹，为蠃[42]，为蚌，为龟，其于木也为科上槁[43]。

艮为山，为径路[44]，为小石，为门阙[45]，为果蓏[46]，为阍寺[47]，为指，为狗，为鼠，为黔喙[48]之属，其于木也为坚多节[49]。

兑为泽，为少女，为巫，为口舌，为毁折，为附决[50]，其于地也为刚卤[51]，为妾，为羊。

注释

①圜：读yuán，圆，天体。

②大赤：大红，典礼用的大红色旗。

③瘠马：瘦弱的马。瘠：读jí，瘦弱。

④驳马：毛色驳杂的马。驳：毛色驳杂。

⑤布：布帛，广布。

⑥釜。锅。

⑦舆：读yú，车。

⑧柄：本柄。

⑨玄黄：天地交杂的颜色。玄：玄青色，天的颜色。黄：地的颜色。

⑩尃：读fū，花。

⑪大涂：大路。古代道路男子在右行，妇女在左行，车在中间行，三条道称为涂，大涂即大道。

⑫决躁：急躁。

⑬苍筤竹：青竹。筤：读láng，竹。

⑭萑苇。芦苇。萑：读huán，一种芦苇类植物。

⑮馵：读zhù，后左脚白色的马。

⑯作足：四足皆动的马。

⑰的颡：额头有白斑的马。的：白色的马。颡：读sǎng，额头。

⑱反生：顶着种子外壳萌生。

⑲究：极。

⑳蕃鲜：草木繁盛鲜明。

㉑绳直：准绳，墨绳。古人用墨绳测量使木头变直。

㉒进退：抉择进退。

㉓不果：迟疑不决。

㉔臭：读xiù，气味。

㉕寡发：头发稀少。

㉖广颡：额头宽阔。颡：读sǎng，额头。

㉗多白眼：眼白多。

㉘近利市三倍：从近市中获得三倍的利益。

㉙躁卦：躁动的卦，指震卦。

㉚渎：沟。

㉛矫輮：矫曲揉直。矫：读jiǎo，使变直。輮：读róu，使弯曲。

㉜弓轮：弯曲为轮。

㉝血卦：坎卦，人体有血如地有水。

㉞亟心：内心急躁。

㉟下首：马低头。

㊱薄蹄：马蹄磨薄。

㊲曳：拖拉，牵引。

㊳眚：眼生病，引申为灾难。

㊴坚多心：坚硬而多木心。

㊵甲胄：盔甲。

㊶戈兵：兵器。

㊷蠃：海螺。

㊸科上槁：木中空而枯槁。科：木中空，折。槁：枯槁。

㊹径路：山间小道。

㊺门阙：门观。

㊻果蓏：瓜果。果：桃李等木的果实。蓏：读luǒ，西瓜、甜瓜、冬瓜等草的果实。

㊼阍寺：古代指掌管宫门、官舍的人。阍：读hūn，宫门。寺：官舍。

㊽黔喙：黑色猛禽。黔：黑色。喙：读huì，鸟嘴。

㊾坚多节：坚硬而多枝节。

㊿附决：附著决断。

(51)刚卤：坚硬含盐碱。卤：盐碱。

译文

乾代表天，代表圆，代表君，代表父，代表玉，代表金，代表寒冷，代表冰冻，代表大红色，代表良马，代表老马，代表瘦马，代表花马，代表树木果实。

坤代表地，代表母，代表布帛流布，代表锅，代表吝啬，代表平均，代表有孕的牛，代表大车，代表文彩，代表民众，代表本柄，对于地来说代表黑色。

震代表雷，代表龙，代表青黄杂色，代表花，代表大路，代表长子，代表急躁，代表青竹，对于马来说，代表善长嘶鸣的马，代表左后蹄白色的马，代表四足皆动的马，代表额头有白斑的马，对于庄稼来说，代表顶着种子外壳萌生，发展至极时代表刚健，代表草木繁盛鲜明。

巽代表木，代表风，代表长女，代表墨绳，代表工匠，代表白色，代表长远，代表高，代表抉择进退，代表迟疑不决，代表气味，对于人来说，代表头发稀少，代表额头宽阔，代表眼白多，代表从近市中获得三倍的利益，发展至极时代表急躁之卦。

坎代表水，代表沟渠，代表隐伏，代表矫曲揉直，代表弯曲为轮。对于人来说，代表忧虑加重，代表心痛，代表耳痛，代表血卦，代表红，对于马来说，代表脊背美丽，代表内心急躁，代表低头，代表蹄子磨薄，代表拖曳，对于车来说，代表多灾，代表通达，代表月亮，代表盗贼，对于木头来说，代表坚硬而多木心。

离代表火，代表日，代表闪电，代表中女，代表盔甲，代表兵器，对于人来说，代表大腹，代表干燥之卦，代表鳖，代表蟹，代表螺，代表蚌，代表龟，对于木头来说，代表木中空而枯槁。

艮代表山，代表山间小路，代表小石，代表门观，代表瓜果，代表掌管宫门、官舍的人，代表手指，代表狗，代表鼠，代表黑色猛禽，对于木头来说，代表坚硬而多枝节。

兑代表泽，代表少女，代表巫师，代表口舌，代表折毁，代表附著决断，对于土地来说，代表坚硬含盐碱，代表妾，代表羊。

点评

《说卦传》的篇名称作“说”，就是说明的意思，说明《周易》的创作、运用，以及八卦的象征意义。孔颖达《周易正义》说“说卦者，陈说八卦之德业变化及法象所为也”，指的就是这层含义。《说卦传》的内容，首先追溯《周易》作者用“蓍草”演卦的历史，再说明八卦的两种方位，然后说明八卦的象征意义，强调八卦象征的多种物象。《说卦传》全篇例举的八卦取象，共有一百一十二例之多，其中最基本的取象是乾为天，坤为地，震为雷，巽为风、为木，坎为水，离为火，艮为山，兑为泽，这是八卦互相重叠成六十四卦后，六十四卦必然运用到的取象，所以可以认为是八卦的本象。在本象以外的其他取象虽然繁杂，但在总体上基本不离乾健、坤顺、震动、巽入、坎陷、离丽、艮止、兑悦这八种象征意义。另外，由于《说卦传》只举象例，并不作过多的解释，使得不少卦象的含义依据隐晦不明，成为后世研究《周易》的一项难题。

序卦传

原文

有天地[①]然后万物[②]生焉。盈[③]天地之间者唯万物，故受[④]之以屯。屯者，盈也。屯者，物之始生也。物生必蒙，故受之以蒙。蒙者，蒙也，物之稚也。物稚不可不养也，故受之以需。需者，饮食之道也。饮食必有讼，故受之以讼。讼必有众起，故受之以师。师者，众也。众必有所比，故受之以比。比者，比也。比必有所畜，故受之以小畜。物畜然后有礼，故受之以履。履而泰，然后安，故受之以泰。泰者，通也。物不可以终通，故受之以否。物不可以终否，故受之以同人。与人同者，物必归焉，故受之以大有。有大者不可以盈，故受之以谦。有大而能谦必豫，故受之以豫。豫必有随，故受之以随。以喜随人者必有事，故受之以蛊。蛊者，事也。有事而后可大，故受之以临。临者，大也。物大然后可观，故受之以观。可观而后有所合，故受之以噬嗑。嗑者，合也。物不可以苟合而已，故受之以贲。贲者，饰也。致饰然后亨则尽矣，故受之以剥。剥者，剥也。物不可以终尽，剥穷上反下，故受之以复。复则不妄[⑤]矣，故受之以无妄。有无妄然后可畜，故受之以大畜。物畜然后可养，故受之以颐。颐者，养也。不养则不可动，故受之以大过。物不可以终过，故受之以坎。坎者，陷[⑥]也。陷必有所丽，故受之以离。离者，丽也。

注释

①天地：代表天和地的乾坤两卦。

②万物：象征万千事物的六十四卦。

③盈：充盈，盈满。

④受：承继，接继。

⑤复则不妄：回归常理不会妄为。妄：妄为。

⑥陷：险，凶险。

译文

有天地然后万物产生。充满天地之间的只有万物，所以象征天地的乾坤二卦后接继象征事物初生的屯卦。屯，是盈满的意思。屯卦，代表万物初生，万物初生必然蒙昧无知，所以接继象征蒙稚的蒙卦。蒙，是蒙昧的意思，代表万物蒙稚。万物蒙稚不可不养育，所以接继象征等待饮食的需卦。需卦，说的是饮食之道。饮食必会发生争讼，所以接继象征争讼的讼卦。争讼必会引发众人激起，所以接继象征兵众的师卦。师，是聚众的意思。人众多必有所亲附，所以接继象征亲辅的比卦。比，是亲比的意思，亲比必会有所蓄聚，所以接继象征小有蓄聚的小畜卦。事物蓄聚后要用礼仪规范，所以接继象征小心遵循礼仪的履卦。小心遵循礼仪而导致通泰，然后万民安定，所以接继象征通泰的泰卦。泰，是亨通的意思。万物不会永远亨通，所以接继象征闭塞的否卦。万物不会永远闭塞，所以接继象征与人和同的同人卦。与人和同，万物必然归顺，所以接继象征大获所有的大有卦。大获所有而不可盈满自傲，所以接继象征谦虚的谦卦。有大富而能谦虚必定欢乐，所以接继象征欢乐的豫卦。欢乐必定有人随从，所以接继象征随从的随卦。以欢喜随从必定有所用事，所以接继象征拯弊治乱的蛊卦。蛊，是拯弊治乱的意思。整治后功业可以盛大，所以接继象征高临于众人的临卦。临，是功业盛大居高临下的意思。事物盛大然后可以观瞻，所以接继象征观瞻的观卦。观瞻必定有所融合，所以接继象征交合的噬嗑卦。嗑，是相合的意思。万物不可以只是交合，所以接继象征文饰的贲卦。贲，是文饰的意思。过分致力于文饰然后亨通会穷尽，所以接继象征剥蚀的剥卦。剥，是剥蚀的意思。万物不会永远极尽剥蚀，上穷尽必然复返于下，所以接继象征回归的复卦。回归常理就不会妄为，所以接继象征大为畜聚的大畜卦。万物大为畜聚然后可以养育，所以接继象征养育的颐卦。颐，是养育的意思。不养育就不可有所作为，所以接继象征大有为的大过卦。万物不会永久过极，所以接继象征险陷的坎卦。坎，是陷险的意思。陷险必定要有所依附，所以接继象征依附的离卦。离，是依附的意思。

原文

有天地然后有万物，有万物然后有男女，有男女然后有夫妇，有夫妇然后有父子，有父子然后有君臣，有君臣然后有上下，有上下然后礼义有所错[①]。夫妇之道不可以不久也，故受之以恒，恒者，久也。物不可以久居其所，故受之以遯，遯者，退也。物不可以终遯，故受之以大壮。物不可以终壮，故受之以晋，晋者，进也。进必有所伤，故受之以明夷，夷者，伤也。伤于外者必反于家，故受之以家人。家道穷必乖，故受之以睽，睽者，乖也。乖必有难，故受之以蹇，蹇者，难也。物不可以终难，故受之以解，解者，缓也。缓必有所失，故受之以损。损而不已必益，故受之以益。益而不已必决，故受之以夬，夬者，决也。决必有所遇，故受之以姤，姤者，遇也。物相遇而后聚，故受之以萃，萃者，聚也。聚而上者谓之升，故受之以升。升而不已必困，故受之以困。困乎上者必反下，故受之以井。井道不可不革，故受之以革。革物者莫若鼎，故受之以鼎。主器者莫若长子，故受之以震，震者，动也。物不可以终动，止之，故受之以艮，艮者，止也。物不可以终止，故受之以渐，渐者，进也。进必有所归，故受之以归妹。得其所归者必大，故受之以丰，丰者，大也。穷大者必失其居，故受之以旅。旅而无所容，故受之以巽，巽者，入也。入而后说之，故受之以兑，兑者，说也。说而后散之，故受之以涣，涣者，离也。物不可以终离，故受之以节。节而信之，故受之以中孚。有其信者必行之，故受之以小过。有过物者必济，故受之以既济。物不可穷也，故受之以未济，终焉。

注释

①错：措置，实施。

译文

有天地然后产生万物，有万物然后产生男女，有男女然后产生夫妇，有夫妇然后产生父子，有父子然后产生君臣，有君臣然后产生尊卑上下，有尊卑上下然后礼仪有所措置。夫妇间的感情不可以不长久，所以象征交感的咸卦后接继象征长久的恒卦。恒，是长久的意思。万物不可以长久居于一个地方，所以接继象征退避的遯卦。遯，是隐退的意思。万物不可以长久隐退，所以接继象征强盛的大壮卦。万物不可以长久强盛，所以接继象征晋长的晋卦。晋，是上进的意思。上进必然有所损伤，所以接继象征光明损伤的明夷卦。夷，是损伤的意思，在外遭受伤害必返回家内，所以接继象征家人的家人卦。家道穷困必定会发生睽违，所以接继象征睽违的睽卦。睽，是睽违的意思。睽违必定带来险难，所以接继象征险难的蹇卦。蹇，是险难的意思。万物不可以始终有险难，所以接继象征舒解的解卦。解，是舒解的意思。舒解必定会所损失，所以接继象征减损的损卦。不断损失必将转向增益，所以接继象征增益的益卦。不断增益充盈必会被果决除去，所以接继所以接继象征果决的夬卦。夬，是果决的意思。果决必定有所交遇，所以接继象征交遇的姤卦。姤，是交遇的意思。万物交遇后必定有所聚合，所以接继象征聚合的萃卦。萃，是聚合的意思。聚合后共同上进叫作升，所以接继象征上书的升卦。进升不停必定陷入困境，所以接继象征困穷的困卦。穷困于上必定会返于下，所以接继象征象数水井的井卦。水井的道理不可不变革，所以接继象征变革的革卦。变革事物的莫过于鼎器，所以接继象征鼎器的鼎卦。主管鼎器的莫过于长子，所以接继象征长子的震卦。震，是震动的意思。事物不可能永远震动，应适当抑止，所以接继象征抑止的艮卦。艮，是抑止的意思。事物不可永久抑止，所以接继象征渐进的渐卦。渐，是渐进的意思。渐进要有所依归，所以接继象征嫁出少女的归妹卦。得到依归必定盛大富有，所以接继象征丰大的丰卦。丰，是盛大的意思。盛大穷极必定会失去居所，所以接继象征行旅的旅卦。行旅无处容身，所以接继象征顺从的巽卦。巽，是顺从能入的意思。进入后安定欢悦，欢悦之情扩散，所以接继象征涣散的涣卦。涣，是涣散的意思。万物不可以永远涣散，所以接继象征节制的节卦。节制而有诚信，所以接继象征心中诚信的中孚。心有诚信必然有所行动，所以接继象征小有过越的小过卦。有所过越必定能够成功，所以接继象征事已成的既济卦。事物永远不会穷尽，所以接继象征事未成的未济卦。

《序卦传》主要说明《周易》六十四卦的排列次序，揭示各卦先后排列的含义。全篇分作两段，前半段说明上经三十卦的排列次序，后半段说明下经三十四卦的排列次序。《序卦传》用简明的语言概括了六十四卦卦名的含义，其中，有的卦名和该卦卦义相符合，有的卦名只提出其中一种含义，目的都是为了揭示卦和卦之间的联系，而不是各个卦的完整含义。苏轼说：“《序卦》之论《易》，或直取其名而不本其卦者多矣，或赋诗断章然，不可以一理求也。”说的就是这层意思。《序卦传》揭示的两卦联系，其中一种是两卦“相因”“相反”，如《序卦传》中说“节而信之，故受之以中孚”，“入而后说之，故受之以兑”，就是说事物沿着正面的趋势进展。“损而不已必益”，“益而不已必决”，就是说事物向相反的方面转化。《序卦传》的文字表达十分凝练，但是其中蕴含的辩证法思想十分深刻。

杂卦传

原文

乾刚坤柔，比乐[①]师忧[②]。临观之义，或与或求[③]。屯见而不失其居。蒙杂而著[④]。震起也，艮止也。损益盛衰之始也。大畜时[⑤]也，无妄灾也。萃聚而升不来也，谦轻[⑥]而豫怠[⑦]也。噬嗑食也，贲无色也。兑见而巽伏也。随无故[⑧]也。蛊则饬[⑨]也。剥烂[⑩]也。复反也。晋昼也，明夷诛也。井通而困相遇也。咸速[⑪]也，恒久也。涣离也，节止也。解缓也，蹇难也。睽外也，家人内也。否泰反其类[⑫]也。大壮则止，遯则退也。大有众也，同人亲也。革去故也，鼎取新也。小过过也。中孚信也。丰多故也，亲寡[⑬]旅也。离上而坎下也。小畜寡也，履不处[⑭]也。需不进也，讼不亲也。大过颠也，姤遇也，柔遇刚也。渐女归待男行也。颐养正也，既济，定也。归妹女之终也，未济男之穷也。夬决也，刚决柔也。君子道长，小人道忧也。

注释

①比乐：亲比有欢乐。

②师忧：兴兵有忧愁。

③或与或求：或为施予或为营求。与：施予。求：营求。

④杂而著：错杂而昭著。

⑤时：待时，顺应时机。

⑥轻：自轻。

⑦怠：和乐。

⑧无故：无事。

⑨饬：读chì，整治。

⑩烂：熟烂。

⑪速：快递。

⑫类：事类。

⑬亲寡：寡亲，指无所亲近，无所容身。

⑭不处：不停止。处：停止。

译文

乾刚健，坤柔顺。比欢乐，师忧愁。临观的义旨，或是施予，或是索求。屯初生显现而不失其所居，蒙错杂而昭著。震，为起。艮，为止。损益是盛旺衰微的开始。大畜，待时。无妄，有灾。萃聚集而升不返回，谦轻己尊人而豫安乐亲逸。噬嗑，为食用。贲，为无色。兑喜悦外现，巽进入而隐伏。随，无事休息。蛊，有事则整治。剥，为剥烂。复，为返回。晋，白昼。明夷，光明受伤。井水通达而困则阻塞。咸，指感应神速。恒，乃恒守长久。涣，为离散。节，为节止。解，为缓解。蹇，为险难。睽，乖异而在外。家人，和睦而在内。否与泰，是两个相反的事类。大壮是壮而停止，遯则因时而隐退。大有，众多。同人，亲辅。革，去除故旧。鼎，取其新义。小过，为过往。中孚，为诚信。丰，多事。旅，少亲。离火炎上，坎水流下。小畜，积蓄的少。履，不停止。需，待时而不进。讼，违背而不亲。大过，为颠覆。姤，为交遇。阴柔与阳刚相交遇。渐，女子出嫁等待男人来迎亲。颐，养正。既济，乃成功。归妹，女子最终的归宿。未济，指男子穷困。夬，为决去，阳刚决去阴柔。此象君子之道盛长，而小人之道困忧。

点评

《杂卦传》的篇名称作“杂”是有一定意义的，据韩康伯的解释是“杂揉众卦，错综其义”，将零散的六十四卦全部混合、杂揉到一起，按照《序卦传》排列的六十四卦次序，找寻前后相邻两卦间的卦画联系，然后分析其中的深义。“错综”就是指两卦卦画符号间的一种联系。两卦的阴阳爻符号完全相反，彼卦初爻是阳爻，此卦初爻是阴爻，彼卦二爻是阳爻，此卦二爻是阴爻，直到最上爻，仍然是彼卦是阳爻，此卦是阴爻，那么，这两个卦就是相错的卦，比如乾卦和坤卦。两卦的阴阳爻符号上下颠倒，彼卦初爻是此卦的上爻，彼卦二爻是此卦的五爻，彼卦三爻是此卦四爻是阴爻，那么，这两个卦就是相综的卦，如屯卦和蒙卦。两卦的阴阳爻符号有联系，那么卦爻辞的含义也会有一定的联系。如乾卦六爻都是阳爻，含义取刚健的意思，乾卦的错卦是坤卦，六爻都是阴爻，坤卦含义取柔顺的意思。又如睽卦下卦兑、上卦离，含义取“乖违于外”的意思，睽卦的综卦是家人卦，下卦离，上卦巽，含义取“相亲于内”的意思。由此可见，同时举出阴阳爻符号有联系的两卦，对于理解卦的含义是有帮助的。

《杂卦传》排列的六十四卦次序还有一个特殊表现，就是前三十卦始于乾、坤两卦，后部分三十四卦始于咸、恒两卦，既符合上下经卦的数目，又各以上下经居首的两卦为首。篇末以夬卦告结，含义取“刚决柔，君子道长，小人道忧”的意思，深合《周易》崇尚阳刚正道的宗旨，并且与六十四卦始于乾卦相对应。由此可知，《杂卦传》的篇名虽然成为“杂”，但内中条理却是秩然分明。

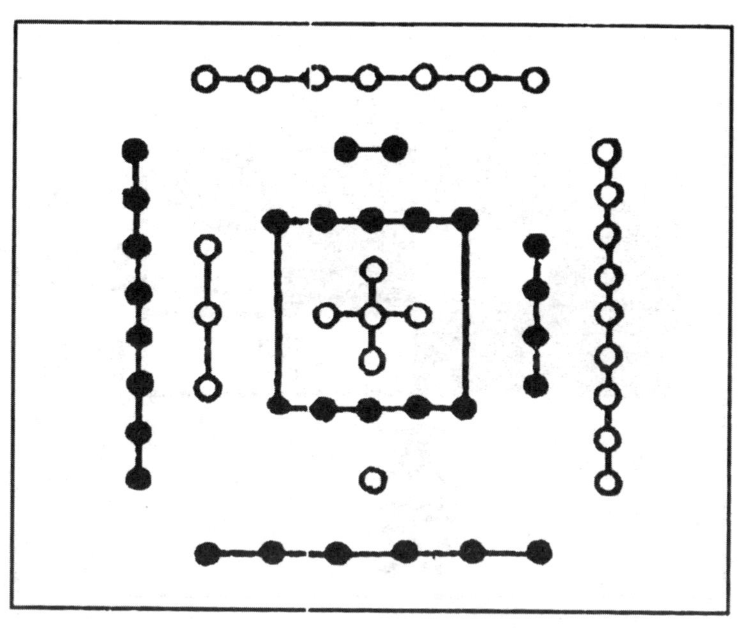

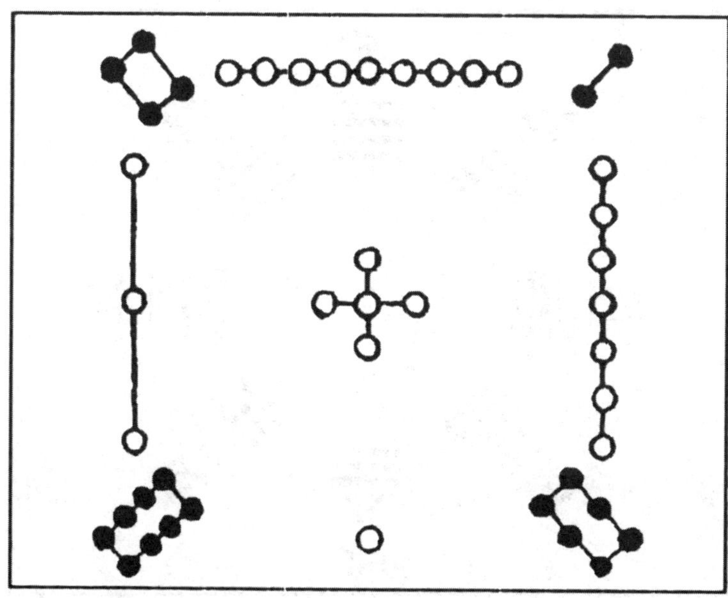

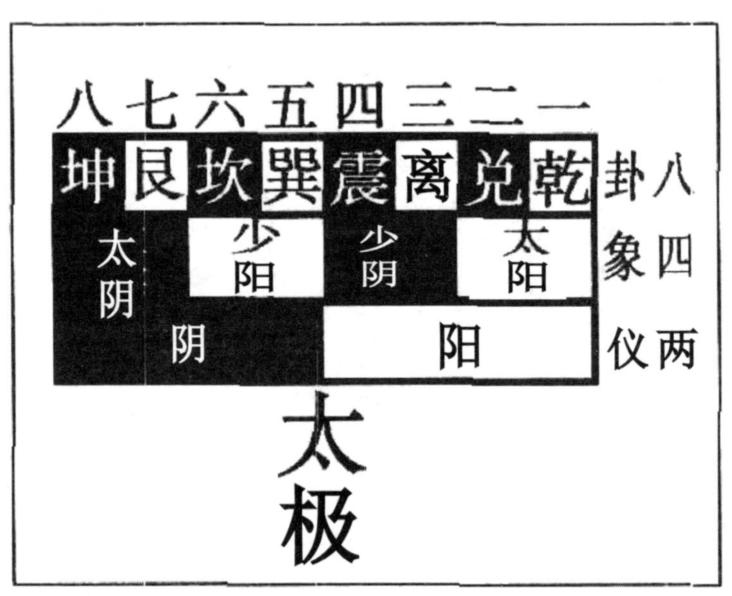
一 二 三 四 五 六 七 八
乾 兑 离 震 巽 坎 艮 坤
八卦
太阳 少阴 少阳 太阴
四象
阳 阴
两仪
太极

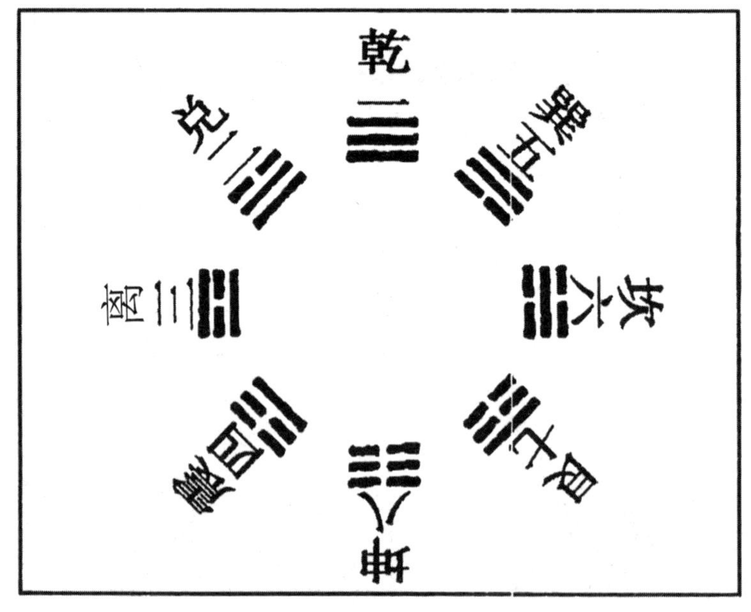
乾一
兑二
离三
震四
巽五
坎六
艮七
坤八

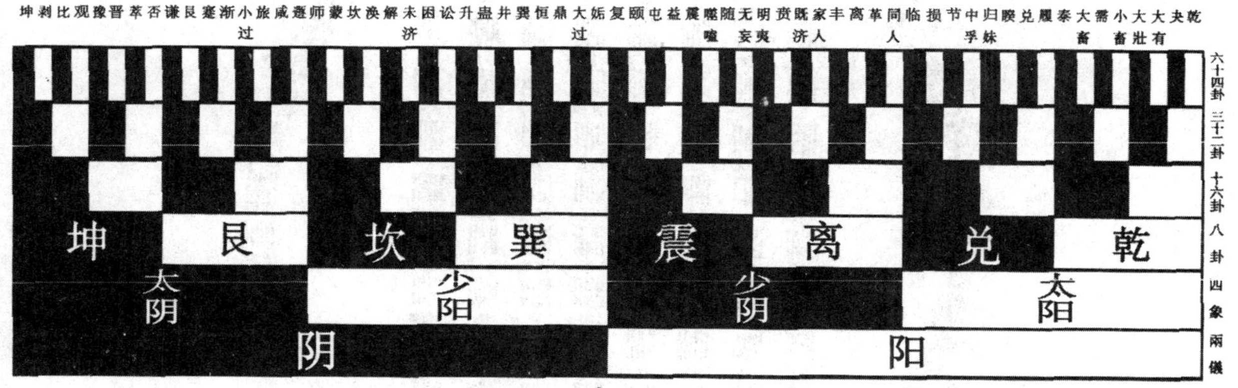
坤 剥 比 观 豫 晋 萃 否 谦 艮 蹇 渐 小过 旅 咸 遯 师 蒙 坎 涣 解 未济 困 讼 升 蛊 井 巽 恒 鼎 大过 姤 复 颐 屯 益 震 噬嗑 随 无妄 明夷 贲 既济 家人 丰 离 革 同人 临 损 节 中孚 归妹 睽 兑 履 泰 大畜 需 小畜 大壮 大有 夬 乾
六十四卦
三十二卦
十六卦
八卦
四象
两仪
坤 艮 坎 巽 震 离 兑 乾
太阴 少阳 少阴 太阳
阴 阳
太极

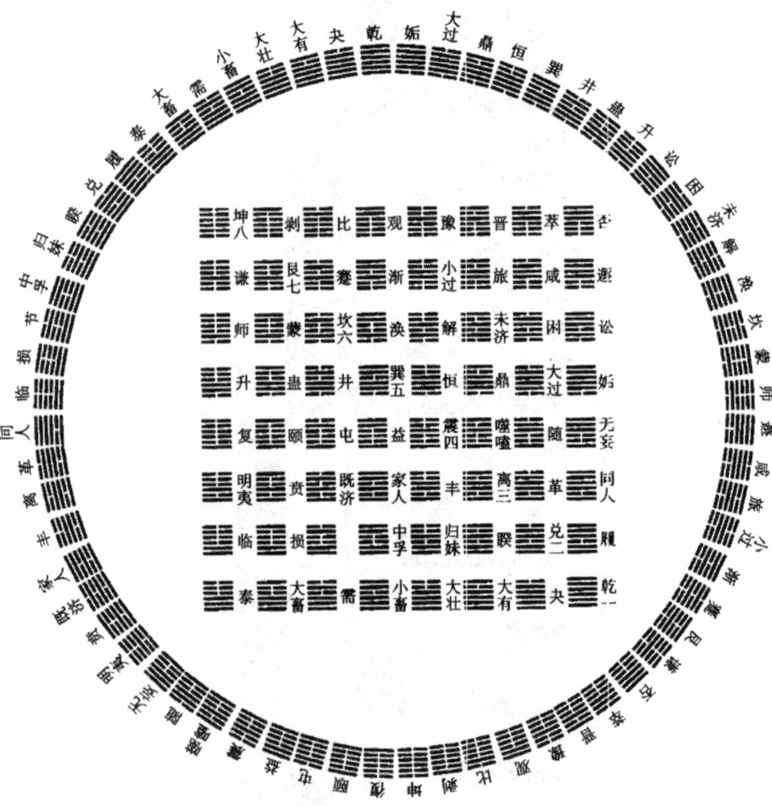

乾父 艮坎震

坤母 兑离巽

震长男得乾初爻

坎中男得乾中爻

艮少男得乾上爻

巽长女得坤初爻

离中女得坤中爻

兑少女得坤上爻

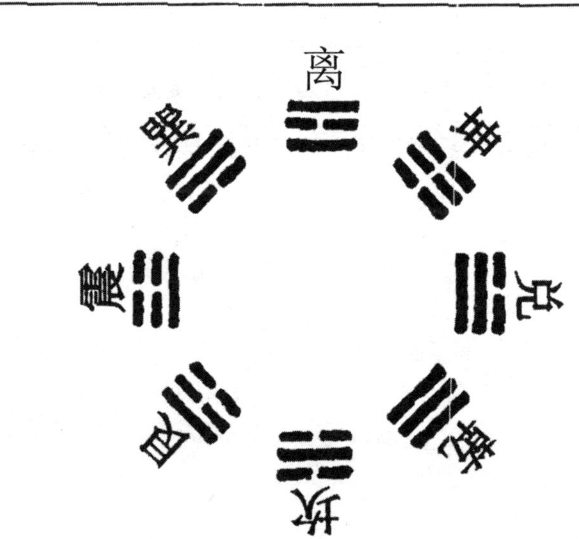

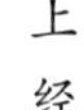

坎 颐 无妄 噬嗑 临 随 谦 同人 泰 小畜 师 需 屯 乾

离 大过 大畜 贲 观 蛊 豫 大有 否 履 比 讼 蒙 坤

剥

复

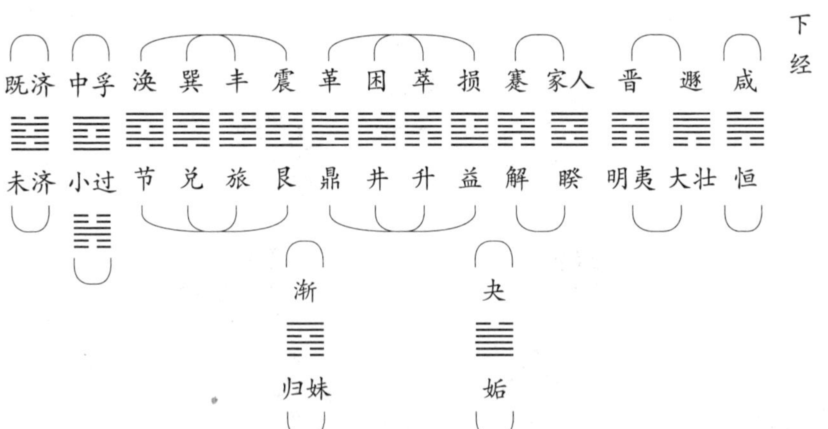